2020年度国家出版基金资助项目；
广州市人文社会科学重点研究基地“广州与中外文化交流研究中心”项目；
中山大学西学东渐文献馆项目。

辨学启蒙

〔英〕威廉·斯坦利·杰文斯／著
〔英〕艾约瑟／译
吕飞跃／校注

晚清西学丛书
主编：梅谦立　周伟驰　姚达兑

南方日报出版社
NANFANG DAILY PRESS
中国·广州

图书在版编目（CIP）数据

辨学启蒙 /（英）威廉·斯坦利·杰文斯著 ;（英）艾约瑟译 ; 吕飞跃校注 . -- 广州 : 南方日报出版社 , 2021.6
(晚清西学丛书 . 第二辑)
ISBN 978-7-5491-2321-6

Ⅰ . ①辨… Ⅱ . ①威… ②艾… ③吕… Ⅲ . ①逻辑学 Ⅳ . ① B81

中国版本图书馆 CIP 数据核字 (2020) 第 259383 号

BIANXUE QIMENG
辨学启蒙

著　　者：(英) 威廉·斯坦利·杰文斯
译　　者：(英) 艾约瑟
校 注 者：吕飞跃
出版发行：南方日报出版社
地　　址：广州市广州大道中 289 号
出 版 人：周山丹
出版统筹：谭庭浩
策划编辑：黎　衡
责任编辑：刘志一　李　哲
装帧设计：邓晓童
责任校对：阮昌汉
责任技编：王　兰
经　　销：全国新华书店
印　　刷：广州市岭美文化科技有限公司
开　　本：889mm×1194mm　1/32
印　　张：9.25
字　　数：148 千字
版　　次：2021 年 6 月第 1 版
印　　次：2021 年 6 月第 1 次印刷
定　　价：48.00 元

投稿热线：（020）87360640　读者热线：（020）87363865

总序一

梅谦立

近三十余年来，西学东渐方面的研究已取得了较好的成绩，尤其是晚明清初时段的研究，产生了不少新成果，在学界有不小的影响。从晚明延至晚清民国的西学东渐研究，这是很合理的研究趋势。晚清民国的西学东渐，并非从零开始，而是与晚明有着千丝万缕的联系。其实，在鸦片战争之前，晚明开始引入的西学，潜移默化之间已经渗透进中国社会文化的各个领域。

2006年，在倪梁康教授的领导下，中山大学组建了西学东渐文献馆，其宗旨在于借助广东的地缘优势，进行相关文献资料的收集、整理和研究工作，以推进西学东渐方面的研究。围绕着这一目标，文献馆稳步推进有关工作。比如，目前已连续出版了学术辑刊《西学东渐研究》，共8辑。2015年，文献馆与中国社会科学院周伟驰教授、中山大学姚达兑副教授筹划出版《晚清西学丛书》，侧重于晚清时具有一定影响力但当前还未作整理校注的西学著作。2016年，经广州市社会科学规划领导小组批准，在文献馆的基础上设立了广州市人文社会科学重点研究基地——中山大学广州与中外文化交流研究中心。中心亦随即加入推动落实《晚清西学丛书》的整理和出版计划。2018年，《晚清西学丛书》第一辑（共计七册）付梓。现在，丛书的第二辑亦将印行，包括《劝世良言》《普法战纪》《中西关系略论》《辨学启蒙》《西学略述　西学考略》《格致新机　格致新法》《时事新论》《百年一觉》《富国策》等九册十一种。除了《劝世良言》和《西学略述》在1980年代初曾经出版之外，其他的并没有再版，不易寻觅。这些著作涉及哲学、文学、政治、科学、经济等学科，呈现出晚清时期西学东渐的丰富性，同时对于追溯现代中国的西方哲学、文学、政治学、经济学、自然科学等学科的建立及发展都具有很大的价值。相信这些书的出版，能有助于高校师生和普通读者更为深入地了解晚清知识界的世界视野，以及西方知识在中国的传播过程。

在晚明清初的中西交流中，广州扮演了很重要的角色。延至晚清，尽管上海逐渐兴起，但广州在文化交流上的重要性并没有因此而衰落，在译介及出版方面仍处于领先地位。《晚清西学丛书》第二辑收入的一批曾经产生很大影响的文献，与广州作为中西文化交流的中心密切相关。《劝世良言》为基督新教第一位华人传道人、广东人梁发的著作。此书还收入了稀见的梁发《言行日记》《熟学圣理略论》《真道问答浅解》等。梁发一家曾生活在广州海珠区龙导尾附近。梁氏逝世之后，其墓还曾迁到岭南大学校园中央。《普法战纪》为王韬在香港撰写，在晚清产生了很大的影响，重印数次。《劝世良言》一定程度上影响了洪秀全领导的太平天国运动，《百年一觉》《时事新论》等对康有为、梁启超等维新派产生了巨大的影响。这些著作，提供了理解广东敢为天下先这一改革开放精神的思想背景。这些对于广州（乃至广东的）的历史文化研究，也有着重要的意义。

整理文献不是很起眼的工作，但需要相当的付出。好的整理工作，需要很谨慎，需要做很多研究性的工作。而在当前管理制度下，文献整理很难获得好的“工分”。因此，这一吃力不讨好的工作得以顺利完成，要非常感谢参与本辑丛书整理工作的杨汤琛、叶杨曦、周伟驰、李彬、吕飞跃、肖清和、马永康、王雨、张锦冬、姚达兑等诸位学者的付出，同时也感谢南方日报出版社编辑团队的精心编辑。

此外，本辑丛书获得了2020年度国家出版基金和广州市人文社科重点基地建设项目的资助，特此致谢。

2020年6月8日

总序二

周伟驰

一、晚清西学东渐的译述时期与转译时期

历史上发生过几次大规模的知识传播运动，表现为大规模的翻译运动，如希腊经典被译为阿拉伯语（百年翻译运动），阿拉伯语的希腊经典被译为拉丁语，印度佛典被译为汉文，日本明治维新后对于西方著作的翻译等。明清之际，西方知识开始向中国传播，虽然中间有过停顿，但西学东渐规模越来越大，在晚清呈现上升趋势，到民国达到一个高潮。改革开放后，更是以前所未有的速度快速进行，目前的态势用“方兴未艾”来形容也不为过。“西学东渐”作为一个过程，跟“中学西传”是一体两面。就西学东渐本身来说，在这个过程中，虽然也有少量著作是撰写的，但还是以翻译著作居多，可以说西学东渐是一个翻译的过程。

在明末以来这个生机勃勃的“400年翻译运动”中，晚清占有特殊地位。晚清译介者[1]来源是多种多样的，既有西方传教士也有中国学者，既有教会组织也有政府机构。翻译内容五花八门，从宗教知识到世俗知识，呈现出阶段性的特征。我们可以根据翻译活动的方式是直接翻译还是转译，是合作翻译还是独自翻译，概括地将晚清西学翻译分为两个时期，时间上大致以甲午战争至维新变法为界。甲午战争前是“译述时期”，维新变法失败后是“转译时期”。

---

［1］本文所说的“西学东渐”是指西方知识在中国的传播，它们有些是通过直接翻译实现的，有些则是由一些人撰写著作实现的。本文重视翻译，但也重视介绍西方知识的著作。一般模糊地称为“译撰”或“译介”，如林乐知、花之安，既翻译又自己撰写、介绍西方的知识。再如一些中国学者，可能在不懂外文或仅是略懂外文的情况下，也编写一些西学著作，如王韬、王炳耀都可以放在西学东渐传播西学范围之下。

从马礼逊来华到戊戌变法失败后，翻译者主要是西方传教士及其中国助手，一般情况下是传教士“口译”，中国助手“笔述”。当然，这时期不是没有个别人士可以单独地进行翻译（如颜永京），但总体来说这样的人凤毛麟角，因此，我们可以把这一时期（1807—1898年）称为“译述时期”。这一时期的翻译者如果受雇于教会，则其翻译内容多为宗教类著作；如果受雇于清政府（如江南制造局翻译馆），则其翻译多为军事科技类著作；如果是自立的学会（如广学会），则人文社科类著作会多一些。

“译述时期”大致可分成三个阶段。从1807年马礼逊来华学习中文翻译《圣经》到第一次鸦片战争，为第一个阶段，翻译的主体为传教士及其中国助手，他们主要在中国的广州、澳门以及东南亚一带，翻译的内容主要是宗教书籍，也有一些地理、历史、科技的著作，还办了一些中文杂志。

第一次鸦片战争到第二次鸦片战争，为第二个阶段。这时香港被割占，广州之外，福州、厦门、宁波、上海成为通商口岸，太平天国运动使得中华帝国南部陷入战乱。以上海为中心，传教士在各大口岸与其中国助手翻译了一些宗教著作与文化著作，创办了一些中文杂志[1]。

在这两个阶段中，著名的译撰者有马礼逊、米怜、郭士立、麦都思、合信、俾士、湛约翰、罗孝全、艾约瑟、慕维廉、玛高温、伟烈亚力等，与之合作的中国人有李善兰、王韬、管嗣复、张福僖等人。这些传教士所出中文书刊对林则徐、梁廷枏、徐继畬、魏源都有影响，使他们成

[1] 第一、二个阶段的主要译著，可参考熊月之：《西学东渐与晚清社会》（修订版），北京：中国人民大学出版社2011年版，第105—109页及第三章。其出版数据主要依据伟烈亚力《基督教在华传教士纪念录》及苏精《马礼逊与中文印刷出版》。

为第一批睁眼看世界的中国人。较出名的出版中心有宁波花华圣经书房（1860年迁到上海后改名美华书馆）、上海墨海书馆等。

第二次鸦片战争到甲午战争和维新变法期间，为第三个阶段。这一阶段，太平天国被镇压，同光中兴，洋务运动兴起，以传教士为主的西方人士有一些服务于北京、上海、广州、福州、天津等地的清政府机构，与中国助手翻译了大量军事、科技、史地类著作。一些为教会服务的传教士翻译了一些宗教著作。一些有“文化传教”情怀的传教士则创办了广学会这类文化机构，他们办刊、出书，译述了一些社会科学类的著作。西学翻译的中心，在教会方面主要有广学会、益智书会、美华书馆、博济医局、上海土山湾印书馆、金陵汇文书院、福州美华书局，在官方和中国知识分子方面则主要有同文馆、江南制造局翻译馆、天津机器局、天津武备学堂、上海译书公会、农学报社、申报馆等[1]。活跃的口译者有嘉约翰、傅兰雅、金楷理、林乐知、李提摩太、艾约瑟、慕维廉、花之安、韦廉臣、舒高第[2]等人，著名的笔述者则有中国的王韬、沈毓桂、蔡尔康、徐寿、徐建寅、华蘅芳、钟天纬、瞿昂来、李凤苞、任廷旭、范祎等人，能从事独立翻译的有李问渔、颜永

[1] 熊月之列出了主要出版中心书目、京师同文馆译著书目，见熊月之：《西学东渐与晚清社会》（修订版），北京：中国人民大学出版社2011年版，第253—254页；江南制造局翻译馆译书目录，见第423—432页；广学会出版西书目录（1900年以前），见第446—447页。

[2] 舒高第是中国人，在美国学习过很长时间，中文笔译能力似不甚佳，翻译时尚需助手笔述。

京等少数几人[1]。他们译介的西方知识对洋务派、维新派、革命派，如李鸿章、张之洞、康有为、梁启超、谭嗣同等人都有影响，西方知识传播者的影响力在维新变法中达到顶峰。

甲午战争的战败意味着洋务运动的失败。向西方学习几乎成了朝野上下的共识，日本因为“同文同种”、路近学费低、现代化成绩较好而获得了梁启超、张之洞等人的青睐，他们认为留学日本学习西学是一个捷径。在他们的提倡下，清政府自1896年开始向日本派出留学生，人数逐年增多[2]。在废除科举的1905年和次年，留日人数达到顶峰，分别是8000人和1.2万人。1898年维新变法失败后逃亡日本的梁启超[3]，加上留日学生，使得从日文“转译西学”大为兴盛，翻译数量快速地超过了“译述时期”[4]，我们可将这一时期（1898—1911年）称为“转译时期”。这不是说在此阶段已没有“译述”和单独直译，广学会、

[1] 有些学者认为，晚清条约口岸围绕着当时传教士和清政府的翻译活动，出现了一批了解西学、倾向西学的中国知识分子，参考段怀清：《传教士与晚清口岸文人》，广州：广东人民出版社2007年版；王立群：《中国早期口岸知识分子形成的文化特征：王韬研究》，北京：北京大学出版社2009年版。

[2] 黄福庆：《清末留日学生》，台北：“中央研究院”近代史研究所1975年版，第2—3页。

[3] 梁启超在去日本之前的西学知识主要来源于译述，流亡日本后他凭借自创的“和文汉读法”，能够阅读日文著作。关于梁启超与明治思想界的关系，可参考狭间直树编：《梁启超·明治日本·西方》，北京：社会科学文献出版社2012年版；狭间直树主讲：《东亚近代文明史上的梁启超》，上海：上海人民出版社2016年版；郑匡民：《梁启超启蒙思想的东学背景》，上海：上海书店出版社2009年版。与梁启超相关的近代中日之间西学概念的翻译与传播，可参考狭间直树、石川祯浩主编，袁广泉等译：《近代东亚翻译概念的发生与传播》，北京：社会科学文献出版社2015年版；石川祯浩：《中国近代历史的表与里》，北京：北京大学出版社2015年版。

[4] 实藤惠秀：《中国人留学日本史》，北京：北京大学出版社2012年版，第167—207页。

严复、林纾亦仍在翻译，而只是说，在规模和影响上，这一阶段是以从日文“转译”过来的西学为主。民国后才进入对于西学大规模的“独立直译”阶段。

这一时期译介西学的机构有商务印书馆、译书汇编社、南洋公学译书院、广智书局、作新社、文明书局、会文学社（会文堂书局）、金粟斋译书处、教育世界出版社、新学会社、中国医学会等，翻译的内容侧重于社会科学和史地书籍，而应用科学与自然科学比重减少。译介者大多是留日者，如樊炳清、蔡元培、王国维、范迪吉等。

在“转译时期”，明治时期由日本学者创制的对译西方名词的“和制汉词”大量进入中文，有很多取代了“译述时期”的译法，成为今天我们仍然在应用的主流译词。这可能是自佛教词汇之后最大规模的“外来词”群体。像“哲学”“社会”“文学”“经济”“政治”“宗教”“自由”这类人文社科名词，都是来自和制汉词。这些词的总量在1000个左右[1]，实际数量可能远不止此。由于“转译”在广度和深度上远超此前的“译述”，和制汉词逐渐占据主流，替代了“译述时期”的许多译法，而使汉语基本词汇实现了“急速现代化”[2]。不过，明治和制汉词本身对于日本来说只是一个历史阶段现象。随着日本减少汉字学习，以及用“和制英语”的人越来越多，汉词及和语逐渐不用或少用[3]，汉字在日本的使用本身呈萎缩

［1］周圣来：《美意识的种子：和制汉词对中国现代文学的影响》，香港：练习文化实验室有限公司2016年版，第89—93页；和制汉词总表参见该书第335—341页。

［2］郎宓榭等著：《新词语新概念：西学译介与晚清汉语词汇之变迁》，济南：山东画报出版社2012年版，引言。

［3］周圣来：《美意识的种子：和制汉词对中国现代文学的影响》，香港：练习文化实验室有限公司2016年版，第71—73页。

状态。但是，明治和制汉词在中文世界中反而站稳脚跟。可以说，今天中文世界的翻译已难以离开和制汉词。虽然里面问题很多，但是约定俗成，即使要作改良也只能逐步地进行了。

由“译述”逐渐向“转译”发展，这在书目汇编的变化中体现出来了。晚清新书的编目，除了出版者（如广学会）的年报外，比较集中的有：傅兰雅《译书事略》（江南制造局翻译西书事略），《格致汇编》1880年5—8月连载。孙维新《泰西格致之学与近刻翻译诸书详略得失何者为最要论》，本为上海格致书院作业，对140本西书做出比较评价，后刻印出来。梁启超《西学书目表》[1]，《时务报》报馆1896年版，录通商后西书名352种，附表录通商前西书名86种、近译未印书目88种。沈桐生《东西学书录提要总叙》，读有用书斋1897年出版。黄庆澄编《中西普通书目表》，上海算学报馆1898年刻，里面西学部分多取自梁启超《西学书目表》。徐维则编《东西学书录》，1899年出版。这些书目所录的绝大多数是“译述”著作。徐维则的《东西学书录》后来得到顾燮光帮助，顾燮光补充了从日文译为中文的西书，二人合编《增版东西学书录》，1902年出版。赵惟熙编《西学书目答问》，1901年出版。而上海通雅书局在1903年、1904年出版的《新学书目提要》，编者可能是一群留日学生。顾燮光《译书经眼录》，杭州金佳石好楼1934年印。这些书目中，最齐全的

[1] 《西学书目表》，1896年武昌质学会重校本。该本前言《西学书目表序例》，亦载《时务报》（第八册），见《时务报》报馆编：《强学报时务报》（第一卷），北京：中华书局1991年版，第488—494页。

可以说是《增版东西学书录》和《译书经眼录》[1]。从这两本书可以看出，1900年后从日文转译的西学著作已成为当时翻译书的主流，在社会科学著作中占有绝对地位。据不完全统计，1896—1911年，中国翻译的日文书至少有1014种。这个数字远远超过此前半个世纪以来中国翻译西文书数量的总和，也大大超过同时期中国翻译西文书的数量[2]。而其中社会科学著作达366部，法律图书98部，政治图书96部[3]。

上面所说的西学著作多指图书，但是晚清介绍西学的还有一些中文报刊，不少著作都是先在报刊上登出再出单行本的。近代报刊的一般情况，可以参考戈公振《中国报学史》[4]的第三章“外报创始时期”以及美国白瑞华《中国近代报刊史》等[5]。关于这些报刊的详细目录，可以参考《中国近代期刊篇目汇录》[6]。

《西学书目表》《增版东西学书录》和《译书经眼录》，都侧重于科技类与社会科学类译著，许多书被遗漏，比如新教人士的著作。早期新教来华传教士所译撰的

[1] 这两个目录被收入熊月之：《晚清新学书目提要》，上海：上海书店出版社2014年版，前言。该书索引亦很有价值。

[2] 熊月之：《西学东渐与晚清社会》（修订版），北京：中国人民大学出版社2011年版，第509页。

[3] 谭汝谦主编：《中国译日本书综合目录》，香港：香港中文大学出版社1980年版。转自滕超：《权力博弈中的晚清法律翻译》，北京：中国社会科学出版社2014年版，第335页。

[4] 戈公振：《中国报学史》，上海：上海书店出版社2014年版。

[5] 白瑞华著，苏世军译：《中国近代报刊史》，北京：中央编译出版社2013年版；赵晓兰、吴潮：《传教士中文报刊史》，上海：复旦大学出版社2011年版。传教士中文报刊对维新派报刊有影响，可参考徐松荣：《维新派与近代报刊》，太原：山西古籍出版社1998年版。

[6] 上海图书馆编：《中国近代期刊篇目汇录》（一），上海：上海人民出版社1965年版。该书于1980年重印。

著作，可以参考伟烈亚力1867年出版的《基督教新教传教士在华名录》[1]；1860年后的新教译撰著作散落各处，近已有人系统整理，如黎子鹏的《中国基督教文字事业编年史：1860—1911》[2]。

二、译述时期的主要译撰者及其观念

从1807年马礼逊来华并准备翻译《圣经》到1911年清王朝覆灭，晚清可以说是经历了一个“百年翻译”运动。如果说最后13年（1898—1911年）是“转译”由无到有到兴盛的过程，那么，在此之前的90余年（1807—1898年）则是“译述时期”。虽然有不少翻译机构，但如果看最活跃的翻译者，我们会惊讶地发现，他们大多是新教传教士[3]。译得最多也最有名的，几乎全是传教士[4]，如伟烈

[1] Alexander Wylie, *Memorials of Protestant Missionaries giving a List of Their Publications, and Obituary Notices of the Deceased.* With Copious Indexes. Taipei: Ch’ Eng-wen Publishing Company, 1867. 伟烈亚力著，赵康英译：《基督教新教传教士在华名录》，天津：天津人民出版社2013年版。

[2] 黎子鹏编著：《中国基督教文字事业编年史：1860—1911》，香港：基督教文艺出版社有限公司2015年版。

[3] 有的学者将传教士翻译分为三个阶段：1815—1842年，从南洋创办《察世俗每月统记传》至上海墨海书馆建立；1843—1887年，从上海墨海书馆建立至上海广学会成立；1888—1898年，广学会成立至维新变法失败。并列出了各时期的主要非宗教类著作。参考何绍斌：《越界与想象：晚清新教传教士译介史论》，上海：上海三联书店2008年版，第44—45页及第一章。这种分期法过分以上海为中心，而且太细。其实，无论宗教还是非宗教类书籍，晚清译述是多中心的，上海当然最活跃，但北京、广州、宁波、武汉等地也从未中断过。

[4] 改革开放后，对作为中国近代史上重要一环的传教士展开了大规模的翻译和研究。翻译中较为重要的系列是周振鹤教授主编并由广西师范大学出版社出版的“来华基督教传教士传记”丛书，黄兴涛、杨念群主编并由中华书局出版的“西方的中国形象”丛书。此外，亦有不少零散出版的传教士传记。

亚力[1]、傅兰雅[2]、林乐知[3]、丁韪良[4]、李提摩太[5]、金楷理等人，因为当时愿意来华且愿意从事文化传播的西方人士只有传教士。西方本土的知识分子没有机会、动力和经费来华，中国人也没有主动去请他们。这种局面要等到“五四”前后杜威、罗素受邀来华方有改变。传教士撰译宗教书籍是其来华的本行和义务，而译介科技、史地、人文社科著作，要么是因为受雇于清政府，要么是被“文化传教”“社会福音”的淑世情怀驱动[6]。如广学会的几位

[1] 汪晓勤：《中西科学交流的功臣：伟烈亚力》，北京：科学出版社2000年版。

[2] 王扬宗：《傅兰雅与近代中国的科学启蒙》，北京：科学出版社2000年版。傅兰雅在加州大学的全部英文档案已收入戴吉礼主编：《傅兰雅档案》，桂林：广西师范大学出版社2010年版。

[3] 贝奈特著，金莹译：《传教士新闻工作者在中国：林乐知和他的杂志（1860—1883）》，桂林：广西师范大学出版社2014年版；梁元生：《林乐知在华事业与〈万国公报〉》，香港：香港中文大学出版社1978年版；卢明玉：《译与异——林乐知译述与西学传播》，北京：首都经济贸易大学出版社2010年版。单篇论文当然更多，如查时杰：《林乐知的生平与志事》，载林治平主编：《基督教入华百七十年纪念集》，台北：台北宇宙光出版社1977年版。

[4] 丁韪良著，沈弘等译：《汉学菁华》，北京：世界图书出版公司2010年版；丁韪良著，沈弘等译：《中国觉醒》，北京：世界图书出版公司2010年版。目前关于丁韪良最好的研究著作，可参考王文兵：《丁韪良与中国》，北京：外语教学与研究出版社2008年版。

[5] 李提摩太：《亲历晚清四十五年——李提摩太在华回忆录》，天津：天津人民出版社2005年版。他人撰写的李提摩太传记，立场差异较大，主要有丁则良：《李提摩太》，上海：开明书店1951年版；苏慧廉著，山西大学外语学院《李提摩太传》翻译组译：《李提摩太传》，香港：世华天地出版社2002年版；苏慧廉著，关志远、关志英、何玉译：《李提摩太在中国》，桂林：广西师范大学出版社2007年版（按：后两书实为同一书，译者不同而已）。

[6] 近代传教士创办的中文报刊情况，可参考赵晓兰、吴潮：《传教士中文报刊史》，上海：复旦大学出版社2011年版。由于传教士是中文报纸的先驱，因此，在晚清早期，其办报史跟中国近代报刊史基本是重叠的。大陆较早系统地研究传教士与晚清现代化关系的，可参考王立新：《美国传教士与晚清中国现代化》，天津：天津人民出版社1997年版。该书于2008年出版第二版。

传教士，他们避开了直接传教的做法，也避免只译介实用性的技术，而是通过《万国公报》[1]等报刊和著书立说，对西方文明进行比较全面的介绍，这跟他们背后的一些基本信念有关。

19世纪来华的新教传教士，跟当时的西方人一样，都自觉不自觉地持有西方中心论，认为西方文明要优越于其他文明，西方的政治制度（民主、自由等）要优越于东方。对于他们来说，优越的根本原因是新教优越于别的宗教。这种观点可以称为“新教文明等级观”[2]，主要包括几个信念：从事实来看，西方文明无论在政治、经济、商贸、军事、科技方面都超出非西方文明，非西方文明逐步屈从于西方即真实的证据；追溯西方文明强大的根源，在于基督教，它使西方人有道德，有博爱精神，重团结，乐群，有求知精神，追求知识，在教育、慈善等方面都具有宗教精神；当时的国家富强等级是新教国家（英美德）强过天主教国家（法意西），基督教国家强过中国、印度、日本、土耳其等“半文半野”国家，更强过非洲、南太平洋野蛮人国家，这表明新教要优于天主教，基督教要优于异教；像日本这样的国家之所以进步，是因为吸收了

[1] 关于《万国公报》，早期有台湾王树槐和香港梁元生的研究，大陆较系统的研究有王林：《西学与变法——〈万国公报〉研究》，济南：齐鲁书社2004年版（该书根据作者1996年博士论文改编）；杨代春：《〈万国公报〉与晚清中西文化交流》，长沙：湖南人民出版社2002年版。

[2] 周伟驰：《晚清新教传教士的文明等级观》，《文景》，2012年第9期。亦见周伟驰：《太平天国与启示录》，北京：中国社会科学出版社2013年版，第276—308页。近来，一些学者对19世纪西方的一般文明等级观及其对中国的影响进行了研究，可参考刘禾主编：《世界秩序与文明等级：全球史研究的新途径》，北京：生活·读书·新知三联书店2016年版。

西方“教化”（文明）的长处，当然，它现在还没有学到“教道”（新教）。而拒绝学习西方的国家（如中国和土耳其），则往往面临险境。国家想强盛，就要像日本那样学习西方“教化”与“教道”。与启蒙主义思想家从“自由、平等、博爱”及“科学、民主、道德”等世俗价值观来看文明等级不同，传教士是从宗教的角度来看文明的本质和等级的。广学会的几个主要撰稿人如林乐知、李提摩太、韦廉臣、花之安[1]、艾约瑟、慕维廉、沈毓桂[2]都坚持这个观念。从某个角度上看，他们是马克斯·韦伯之前的“马克斯·韦伯”。

新教文明论在韦廉臣、花之安、李提摩太等人那里都有具体的论述，但在林乐知、沈毓桂的“三伦说”里得到了集中的表达。它认为，人上要面对上帝，下要处理万物，中间要对待同类，因此而有神伦、物伦和人伦。只有崇拜真神，才能正确地对待他人，以平等、自由、民主处之，才能正确地对待万物，发展科技，利用厚生。如果说神伦是强调基督教排他一神论，物伦则是要引入西方科技观念，以破除中国人的泛灵论和风水迷信之类阻碍现代化的观念（如风水严重阻碍了修铁路和开矿），那么人伦跟中国传统的人伦有什么不一样呢？在《教会新报》阶

[1] 对花之安的研究，可参考张硕：《汉学家花之安（Ernst Faber）思想研究》，北京：知识产权出版社2013年版。

[2] 易惠莉：《西学东渐与中国传统知识分子：沈毓桂个案研究》，长春：吉林人民出版社1993年版。较早的对传教士个体的介绍可参考顾长声：《从马礼逊到司徒雷登——来华新教传教士评传》，上海：上海书店出版社2005年版。至于艾约瑟、慕维廉、韦廉臣，尚未看到相关的研究专著。在对待基督教与中国文化的高低评估上，传教士虽然总体上扬耶抑儒，但个体存在着程度上的差异，如李提摩太和李佳白较为和缓，林乐知则较为严峻。

段，林乐知尚侧重耶儒在仁义礼智、忠孝节义、戒律上的一致，但随着甲午战争严重暴露中国文化的负面因素，林乐知开始强调新教人伦异于且优越于儒教之处，以美国式的自由、民主、平等来反衬儒教的专制、束缚、愚昧，较为系统地揭露并批判了儒教的负面影响。正如在印度的传教士对印度文化的批判促进了印度知识分子的启蒙主义一样，传教士与中国基督徒对中国文化风俗陋习（从男尊女卑、缠足到专制）的系统批判，启发了从康有为、梁启超到新文化运动的文化反思与启蒙主义。

今天，如果我们系统地阅读《教会新报》和《万国公报》上中外作者的文章，就会发现，对中国传统宗教的批判，对皇权、族权、夫权、神权的批判，对国民性的批判，以及提倡白话文、汉字拼音化，在晚清已经全面展开，只不过用词没有那么激烈。他们的这种反思与批判，可以称为近代第一波启蒙主义运动。如果说陈独秀、鲁迅、胡适等人是以现代西方科学民主思想来批判中国传统文化，那么这第一波启蒙主义运动就是以现代新教思想[1]来批判中国传统文化。

西学对晚清各方面，尤其对政治和思想方面，一直持续发挥着影响。从林则徐、魏源、徐继畬到洪仁玕和冯桂芬这样的新式思想家，一步步地向前深化，直到在戊戌

[1] 现代新教思想是在基督教的视野下容纳科学与民主，它跟苏格兰启蒙、英美温和的改良传统有关，它并不认为基督教与科学、民主是矛盾的。这种兼容论的思想视野，在民国初期的赵紫宸那里都还存在。而新文化运动的主导方向则是排除了信仰的科学与民主，近似于法俄无神论与世俗化传统。

运动中达到高潮。康有为、梁启超、谭嗣同[1]等人受李提摩太、林乐知的影响是十分显著的[2]，他们的许多改革建议、新知识和新思想，直接来源于广学会、江南制造局翻译馆的著作[3]。经过义和团运动的反西方文明后，清朝痛定思痛，决定实行君主立宪，不仅西学在“转译”中迎来新一波高潮，连民教关系也在双方的反思和克制下开始缓和，基督教迎来一个平稳增长期。西学不仅对经世派、改良派、洋务派、维新派有影响，对一早一晚以洪秀全和孙中山为代表的反清人士亦有影响。太平天国与基督教的关系甚深，尤其深受《圣经》与《劝世良言》的影响[4]。孙中山早年自命“洪秀全第二”，1894年他曾在《万国公报》上发表《上李傅相书》[5]，改良不成后，决定采取革命方式再造中华，其早期追随者与起义人员中多为基督教

[1] 张灏著，崔志海、葛夫平译：《烈士精神与批判意识：谭嗣同思想的分析》，北京：中央编译出版社2016年版，第45—51页。朱维铮先生在谈到西学对谭嗣同的影响时说：“谭嗣同非但同意彻底西化，甚至像王韬一样，以为西方列强侵略中国是好事，可以加速中国的革新。”参考李天纲编校：《万国公报文选》，上海：中西书局2012年版，第24页。

[2] 王树槐：《外人与戊戌变法》，上海：上海书店出版社1998年版（原书于1965年在台湾出版）；梁元生：《林乐知在华事业与〈万国公报〉》，香港：香港中文大学出版社1978年版；房德邻：《〈万国公报〉与戊戌变法》，《北京师范大学学报》，1986年第6期。

[3] 强学会办的《万国公报》（与上海《万国公报》同名）和《中外纪闻》，许多内容即直接转自传教士所办刊物。关于维新派所办报刊的一般情况，可参考徐松荣：《维新派与近代报刊》，太原：山西古籍出版社1998年版。

[4] 可参考周伟驰：《太平天国与启示录》，北京：中国社会科学出版社2013年版。

[5] 李天纲编校：《万国公报文选》，上海：中西书局2012年版，第269—279页。

徒[1]。这是因为他们受到西方现代思想的影响，具有了新的世界观和价值观，不能再忍受清朝的腐败统治。在晚清，香港、广东、上海等沿海地区和海外，中国基督教徒已呈现网络状分布，通过与西方基督教世界的连接，他们中间正酝酿着一些新的思想和人群、改造社会和国家的力量，也酝酿着新世界各行业的领袖[2]。

梁启超在关于明清学术思想史的著作[3]中，对西学的影响和意义做了高度评价。但是，后来者在撰写中国近代史时，由于种种原因，对于晚清西方人士如何译介西学，将新的思想和观念传递给中国知识分子（口岸文人），并通过他们的笔影响到中国思想界，进而影响到中国历史，整体上的研究尚不足。比如，桑兵等著的近800页巨著《近代中国的知识与制度转型》[4]，就很少谈到晚清译述带来的知识变化，而直接从日本的影响开始。相比之下，《剑桥中国晚清史》[5]，则用了《1900年以前的基督教传教

[1] 梁寿华：《革命先驱：基督徒与晚清中国革命的起源》，香港：宣道出版社2007年版；李志刚：《洪秀全与孙中山对耶儒的认识及推行革命的比较》，载《基督教与中国近代文化》，香港：基督教文化学会2009年版；李志刚主编：《辛亥革命与香港基督教》，香港：基督教文化学会2009年版。

[2] 罗元旭：《东成西就：七个华人基督教家族与中西交流百年》，北京：生活·读书·新知三联书店2014年版。讲述了上海互有姻亲关系的七大基督教家族的崛起历史。其实，在香港、广东、福建也有不少这样的基督教世家。

[3] 梁启超：《论中国学术思想变迁之大势》，上海：上海古籍出版社2001年版，第135—136页；梁启超：《清代学术概论·儒家哲学》，天津：天津古籍出版社2003年版，第85—87页；梁启超：《中国近三百年学术史》，天津：天津古籍出版社2003年版，第30—31页。

[4] 桑兵等著：《近代中国的知识与制度转型》，北京：经济科学出版社2013年版。

[5] 费正清、刘广京编：《剑桥中国晚清史》，北京：中国社会科学出版社2006年版。

活动及其影响》一章专门讨论这种影响，显得比较平衡。

在资料上，与明清时期西学东渐重要文献逐渐得到系统出版[1]不同，晚清西学文献（包括宗教文献）一直没有得到系统整理出版，相关著作的出版只能比较孤立而零散地进行。比如，在人文社科书籍方面，上海书店出版社2002年“近代文献丛刊”出版过晚清几本产生过重要影响的西学书，如李提摩太译《泰西新史揽要》、花之安编著《自西徂东》、林乐知译《文学兴国策》、丁韪良译《万国公法》、傅兰雅译《佐治刍言》等。上海科学技术文献出版社2012年出版了《江南制造局译书丛编》，将当年江南制造局翻译馆的译著予以出版，除了工程类书籍外，还选了较有思想性的“政史类”书籍，收入《佐治刍言》《列国岁计政要》《西美战史》《俄国新志》《法国新志》《埏纮外乘》《四裔编年表》《各国交涉公法论》《各国交涉便法论》《公法总论》《美国宪法纂释》《欧洲东方交涉记》《英俄印度交涉书》《东方时局论略》等。2014年，上海书店出版社影印出版了全套《万国公报》，在清晰度上超过了当年曾普惠于学界的台版《万国公报》。在宗教类书籍方面，最近几年，上海大学陶飞亚教授对近代基督教（包括新教）文献的总量和馆藏情况做

[1] 最近代表为张西平等主编：《梵蒂冈图书馆藏明清中西文化交流史文献丛刊》（第一辑），郑州：大象出版社2014年版。它基本涵盖了以往相关的出版物。另可参考钟鸣旦等编：《法国国家图书馆明清天主教文献》，台北：台北利氏学社2009年版；周岩编校：《明末清初天主教史文献新编》，北京：国家图书馆出版社2013年版。黄兴涛、王国荣编：《明清之际西学文本》，北京：中华书局2013年版。

了一个系统摸底，取得了很大成就，可以作为以后出版的一个路线图。在港台，一些新教传教士的著作开始得到搜集、整理和出版，郭士立、丁韪良、米怜、宾为霖、理雅各、杨格非等人的中文著作选集开始出现[1]。

不过，跟晚清西学的总量相比，这只是沧海一粟。例如，广学会当年出版了大量著作，后来有机会重新出版的并不多见。

我们出版这套《晚清西学丛书》，是希望能搜集、整理出一些具有代表性的晚清西学译撰著作，填空补缺，为还原晚清思想的全貌做一些添砖加瓦的工作。我们希望能促进对晚清西学的研究和重新评估，将之作为明末清初至今完整的“西学东渐”上的重要一环，予以独立的突显。

三、晚清西学东渐中的岭南西学

鸦片战争之前，广州是清朝对外开放的唯一港口，也因此是西学东渐的唯一口岸。以新教传教士为代表的具有现代知识的西方人士，都是先到广州[2]，如马礼逊、裨治文、卫三畏等人；鸦片战争后，香港被割占，上海、

[1] 周联华主持，曾庆豹、吴昶兴主编的“汉语基督教经典文库集成”系列，在香港橄榄出版有限公司出版，已出版的晚清传教士文献有黎子鹏编注：《晚清基督教叙事文学选粹》（2012年）、《赎罪之道传：郭实猎基督教小说集》（2013年）、《天道溯源：丁韪良基督教作品选粹》（2013年）。

[2] 梁碧莹教授介绍了跟广州关系密切的20多位美国人，其中有一小半是传教士。参考梁碧莹：《美国人在广州：1784—1912》，广州：广东人民出版社2014年版；雷雨田主编：《近代来粤传教士评传》，上海：百家出版社2004年版。晚清来华传教士介绍了马礼逊、郭士立、米怜、麦都思、裨治文、卫三畏、伯驾、嘉约翰、罗孝全、理雅各、合信、明稽章。

厦门、福州、宁波开放后，西方人士才逐渐分头奔向这些沿海城市。在很长一个时期内，广州在西学东渐中占有优势，但后来逐渐被上海赶超。关于广州为何被上海赶超[1]，以及何时被上海超过，曾经有过讨论。一个主要的可能原因是，鸦片战争后，按《南京条约》的规定广州应对英国人开放，但广州人抗拒，前前后后拖了十五年[2]，正是在这一时期，一些西方人士开始从广州迁往上海，广州西学人才外流。虽然如此，广州也仍旧是近代文化中一个极其重要的中心点。广东人容易接受新的生活方式和思想观念。反观一下中国近现代史就能知道，从太平天国起，“南风北吹”跟“西学东渐”几乎是同步的。这种态势甚至持续到改革开放的今天。

在近代报刊创办上，广州领先一步。广州原为清朝唯一通商口岸，早期来华西方人士为让西方人了解中国而创办了一些英文期刊，同时又创办了一些中文报刊，一是为了向中国人传教，二是为了让中国人了解西方，促进文化交流，增加西方文明对中国人的影响。中文报刊中，较为连贯且有影响的，包括《东西洋考每月统记传》《察世俗每月统记传》《遐迩贯珍》，都是在广州、香港与南洋创办的。后来，上海和北京的发展速度超过广州，《六合丛谈》《格致汇编》《万国公报》均在上海创办，《中西闻见录》则在北京创办。维新时期京沪涌现了一些报刊，如《中外纪闻》《强学报》《时务报》等。同一时期在广州

[1] 熊月之：《西学东渐与晚清社会》（修订版），北京：中国人民大学出版社2011年版，第167—168页。

[2] 王毅：《皇家亚洲文会北中国支会研究》，上海：上海书店出版社2005年版，第4—5页。

也有一些新的报刊，但是影响力主要在南方和南洋一带。

西方知识也以著作的形式在广东出现。1834年，西方人士在广州成立了“在华实用知识传播会”（Society for the Diffusion of Useful Knowledge in China），裨治文和郭士立（郭实腊）是其中主力。该会出版的著作包括：郭士立《大英国统志》（1834年）、郭士立《古今万国纲鉴录》（1838年）、《犹太国史》（1839年）、《贸易通志》（1840年）、《万国地理全集》（1838年）、郭士立主编《东西洋考每月统记传》（1837—1838年）、裨治文《美理哥合省国志略》（1838年）、罗伯聃《意拾喻言》（1838年）、裨治文《广东方言撮要》（*Chinese Chrestomathy in Canton Dialect*）[1]。1843—1860年之间，西方人士在广州出版的中文书刊，除了《圣经》、传教小册子、词典和年鉴外，还主要有裨治文《亚墨理格合众国志略》（1844年）、合信《天文略论》（1849年）、合信《全体新论》（1851年）、哈巴安德《耶稣教要理问答》（1851年）和《耶稣正教问答》（1852年）、合信《博物新编》（1855年）、湛约翰《上帝总论》（1856年）、俾士《地理略论》（1859年）、纪好弼《醒世要言》（1859年）和《真教问答》（1859年）、嘉约翰《经验奇症略述》（1860年）等[2]。鸦片战争后，原在广州的一些西方人士逐渐转移到上海。1857年，裨治文、卫三畏、艾约瑟、雒

[1] 沈国威：《打造专业术语：以19世纪的英汉词典为中心》，载郎宓榭等著：《新词语新概念：西学译介与晚清汉语词汇之变迁》，济南：山东画报出版社2012年版，第299页。

[2] 熊月之：《西学东渐与晚清社会》（修订版），北京：中国人民大学出版社2011年版，第129—130页。

魏林等18人决定成立“上海文理学会”，后来它成为皇家亚洲文会北中国支会[1]。上海的西方人士办报著书的越来越多，使上海成为传播西学的最大中心，但广东仍有叶纳清（1864年去世）、花之安（1839—1899）等人在从事译撰活动。花之安于1886年去上海，但其主要著作是在广东时完成的。

广州作为晚清最重要的西学中心之一，其西学传播从来就没有停止过。上文显示，在广州以至广东的西学著作以宗教类和医学类为突出，马礼逊、梁发、合信、嘉约翰都是显著者。一些用粤语翻译的文学著作，如《天路历程》、《人灵战纪》、《辜苏历程》（即《鲁滨孙漂流记》），在粤语文学中有一席之地，可视为《虾球传》的先驱。即便在近代国际公法方面，也是广州的伯驾节译瓦泰尔《国际法》在前[2]，丁韪良翻译惠顿《万国公法》在后。

由于开放最早，广东得风气之先，其西学视野领先内地一步，不少广东人从事西学的介绍或引进。如鸦片战争前，对西方最了解的中国人是梁廷枏，他著有《海国四说》《夷氛纪闻》等。跟随马礼逊和米怜学习的梁发，其《劝世良言》直接影响了太平天国运动。洪仁玕在香港与传教士韩山文、理雅各等人交往，阅读他们出版的中文著作，使他能够写出中国近代第一个现代化纲领《资政新篇》。再如跟德国人关系密切的东莞世族王家，第一代王元琛是郭士立的弟子，王元琛之子王炳耀和王炳堃跟叶纳

[1] 王毅：《皇家亚洲文会北中国支会研究》，上海：上海书店出版社2005年版，第11—13页。

[2] 谭树林：《美国传教士伯驾在华活动研究：1834—1857》，北京：群言出版社2010年版，第179页。

清、花之安等人有师承关系，交往密切，王炳耀与孙中山也有深厚友情，其子王宠惠后来成为民国外交部长和总理，他们都有西学著译问世。再如南海人何进善（福堂），他是理雅各在马六甲任教于英华书院时的学生，著有宗教书多部，其子何启是维新派思想家，女婿伍廷芳曾任清廷驻美公使和民国外交总长。像王元琛、何进善这样的世家尚有不少。至于郑观应、康有为、梁启超、黄遵宪等思想家，张荫桓、何如璋等具有新思想的官员就不多说了。甚至康有为的弟子、创办孔教会的高要人陈焕章，也到美国拿了一个博士学位（1911年），其英文著作《孔门理财学》还被马克斯·韦伯引用过。陈氏对儒教的认识已经是在全球化的视野中，含有与西学比较的问题意识，跟传统的儒家大为不同。广东人久在西学熏染中，自觉不自觉地以西学促中学，以中学解西学，融会贯通，创立新学。康有为之参照基督教创立孔教就是一例。

四、编选说明

我们这套丛书，选取了晚清西学中较重要的一部分进行校注。在“西学”范围上，我们不做严格限定，而大致指跟泛称“西方”有关的知识和思想。在时间方面，我们所说的“晚清”，限定在1807—1911年之间，若有个别作品或作者实在重要而延伸至明末清初或民国，也可做灵活的处理。比如，某些译者或作者的选集文章发表时代横跨清朝、民国两个时期。在地域方面，凡是以汉文译撰的著作，不管它们是在南洋、港澳或内地产生的，都可以入选。在作者方面，不管是西方人还是中国人，是直接翻译还是借鉴后独创，都可以入选。由于是立足于广州和广东，我们会侧重广东的西学传统。

我们选书的考虑，大致有如下几个方面：

第一，对晚清思想界和社会产生过影响的西学著作，比如，影响过晚清经世派、洋务派、维新派、革命派甚至保守派的著作。产生影响的译撰著作不一定是在西方本身重要的著作，但在当时晚清的形势下，它们影响了很多中国人，甚至改变了中国的历史进程。如《佐治刍言》《泰西新史揽要》《百年一觉》《大同学》《中东战纪本末》《中西关系略论》《治心免病法》《西学略述》《列国变通兴盛记》《时事新论》《西学考略》《格物探原》等。

第二，有些书的影响较小或几乎没什么影响，但它们在西方本身有重要的历史地位，也有永久的价值，因此是值得重视的，如哲学名著培根的《格致新机》（即《新工具》）[1]，以及一些文学名著，如《天路历程》《鲁滨孙漂流记》等。这些名著在民国还有不同的译本，甚至直到今天还在产生新的译本。回过头去看晚清的译本，一些词语和概念的不同译法，显得别有一番风味。

第三，还有些是因为晚清译本提供了另一种翻译的可能性，具有语言考古价值。晚清译述出现在日语转译之前，译撰者尚未受到和制汉词的影响，而根据汉语自身的规则与历史进行翻译，因此为今日西学的翻译提供了另外的可能性。比如颜永京、丁韪良关于心理学的著译，艾约

[1] 邹振环：《影响中国近代社会的一百种译作》，北京：中国对外翻译出版公司1996年版，第80—87页。该书较详细地介绍了《谈天》《重学》《佐治刍言》《心灵学》《泰西新史揽要》《治心免病法》《文学兴国策》《百年一觉》等书。

瑟、傅兰雅关于政治经济学的著译，里面很多关键词语的译法跟现代汉语译法（大部分为和制汉词）颇为不同，值得玩味。这就如同在文学上，新文化运动掀起白话文革命之初，涌现了很多种白话文的可能性，在今天语言越来越趋于统一和相同的情况下，回过头去考察白话文革命之初的种种表达方式，有可能像敞开新的空间一样。在一种语言的构成中，词语是基本细胞，作为思想的直接现实，语言意味着思想的界限，重新审视汉语革命的历史，也就是对现代思想史的一种反省。近年来，学界对中国哲学史、思想史有过反思和争论，如现代中国人用“现代汉语”来研究中国古代“哲学”等，是否等于“汉话胡说”，是否在“以西解中”？对于近代以来学科的分类、变迁，基本词语和概念的巨大变革，我们可以借由对这些处于变革前夜的晚清西学译著典籍的“渐变”所进行的微观考察，来重新把握和理解现代中国人思维内容与方式变革的过程，也对诸如“自由”“哲学”这类重要译词是否能准确表达西文原词展开反思和探讨。与此相关，对于一些在和制汉词中传过程中起到了重要作用但今天很少被人提起的转译本，我们也会予以注意。比如王国维翻译桑木严翼的《哲学概论》、元良勇次郎的《心理学》及《伦理学》等等，就既对王国维本人的思想发展起过作用[1]，也对哲学类和制汉词进入中文世界有所影响。在译述和转译之间，相对来说，我们会侧重于译述时期的译撰著作。

第四，虽然我们所理解的“西学”是广义的西学，但

[1] 可参考佛雏：《王国维哲学译稿研究》，北京：社会科学文献出版社2006年版。

由于出版数量有限，我们会侧重于考虑各领域的代表作。比如天文学，晚清相关著译是相当多的，我们可能只选最早也最具代表性的伟烈亚力和李善兰译述本《谈天》，以及他们两人译述的《几何原本》和《代数学》，艾约瑟和李善兰译述的《重学》，合信编译的《博物新编》。当时有开创性的植物学、动物学等自然科学著译也将酌情选入，当然，如果今天其他出版社已有出版，我们会尽量避免重复[1]。晚清历史、地理的著译相当多[2]，我们也只选有代表性的。在人文社会科学方面，可以考虑比较中英法律、详细介绍英美陪审团制度的哲美森《华英谳案定章考》，中国人介绍英法政治制度的刘启彤《英政概》《法政概》，徐建寅《德国议院章程》，李佳白比较各国政治制度的《列国政治异同考》，详细介绍美国宪法的林乐知《环游地球略述》，以及舒高第、郑昌棪译述的《美国宪法纂释》（1907年）等。在西方思想的译介上，虽然只是到了"转译时期"才大盛，但译述中也有不少，比如李提摩太和马林对社会主义的介绍，尤其是马林发表在《万国公报》上含有基督教社会主义成分的关于地租、公正、平等的文章，对孙中山等人产生过影响。在宗教方面，宣教著作我们不会选，但比较有特色或者有历史价值，或者在今天仍有比较宗教、比较经学和比较神学意义的少量译撰著作，会适当选入。韦廉臣、艾约瑟对古埃及、波斯、希

[1] 韦廉臣、艾约瑟口译，李善兰笔述：《植物学》，上海：上海交通大学出版社2014年版。该书原于1858年由上海墨海书馆出版，拟定了许多专有名词，对后世有影响。该书此次是作为刘华杰主编的"博物学文化"丛书中的一本出版的。

[2] 艾约瑟译的《希腊志略》《罗马校略》得到出版，参考陈德正、韩薛兵校注：《〈希腊志略〉〈罗马志略〉校注》，北京：商务印书馆2014年版。

腊、罗马的宗教情况做了较多的介绍。在哲学思想等方面，艾约瑟、林乐知等人介绍了古希腊、古罗马和中世纪哲学，林乐知的包含十四本书的《自历明证》丛书，就详细介绍了基督教八大教父中的两位即奥古斯丁和金口约翰的生平与学说，以及日本明治维新时期同志社大学的创办人新岛襄的传记，其篇幅在中文世界里都是前无古人的。在文学方面，比如艾约瑟对弥尔顿、库柏诗歌的译介，都堪称最早。

第五，如前所说，广州在晚清西学东渐中有特殊地位，西学对广东敢为天下先的近现代文化有着潜移默化的影响，并随着广东人走向全国而在全国产生影响。我们将选择有广东特色的译撰著作，包括方言作品，以呈现一个鲜活的广东近代西学传统。

第六，虽然晚清西学著译不少，但我们侧重于以往不太受重视和整理的那些著作，而对于已得到很好整理、校注或市面上易得的著作，如严复的译著、容闳的《西学东渐记》等，则尽量避免重复，因此我们的选择含有一种“补遗”的意味，以呈现一个更丰富、更立体、更多面的历史。

五、致谢

在倪梁康教授的主持下，中山大学在2006年成立西学东渐文献馆，搜集、整理西学东渐文献与资料，并定期出版《西学东渐研究》，目前主要有法国籍的梅谦立教授做明清天主教文献研究，倪教授本人做唯识学和现象学的比较研究。我本科毕业于中山大学哲学系，中山大学是我的母校，我跟中山大学有特殊的情谊。近些年我在做晚清新教研究，涵盖的范围从太平天国到广学会和康有为、梁启超维新派之关系，正属于“晚清西学东渐”范围。因我父母在广东，每次我回家探亲，都会去看望在中山大学的师友，如哲学系的陈立胜老师和中文系的新进学者姚达兑。姚达兑是80后学者，他对近代西方文学的中译颇有研究，对出版晚清西学很有兴趣。2015年夏天，我与陈立胜老师拜见倪梁康教授，谈起西学东渐，说起我和姚达兑约了几个海内外同人想做晚清西学校注，只是出版资金一时遇到困难。倪教授听闻后，觉得此事有益于西学东渐研究，也有益于社会和学界，乐意促进此事，于是决定将这套丛书置于西学东渐文献馆的项目当中，通过广州市人文社会科学重点研究基地“广州与中外文化交流研究中心”及广州市科创委“西学东渐与广州21世纪海上丝绸之路”专项基金的经费予以资助。我们决心放眼长远，编出一套有参考价值的丛书。

晚清西学的校注与普通古籍的校注尚有不同，在文言之外，尚有外语（英法德日）及西学知识的问题，校注起来有额外的难度，相关人员寻找起来非常不容易。为找到这套丛书每本书的校注者，姚达兑和我可没有少在网上和微信上讨论。最后，对丛书的校注，我们找到了几位学贯中西、学养上佳的年轻学者，他们都是海内外名校毕业的博士，有的长期从事中西文化比较的工作，堪称“合适的人做合适的事”。

此项计划的完成，有赖于一些机构和个人的帮助。尤其是以下机构：中山大学西学东渐文献馆、广州与中外文化交流研究中心、南方日报出版社、“十三五”国家重点图书出版规划、国家出版基金和“西学东渐与广州21世纪海上丝绸之路”专项基金；以下个人：倪梁康教授、张伟教授、梅谦立教授，以及加盟本项目校注工作的学者肖清和、马永康、赵璐、张洪彬、李彬、王雨、龚昊、孙若圣、韩晓、葛小辉、窦新光、杨汤琛、叶杨曦、陈思行、张锦冬、司佳、吕飞跃等。姚达兑在联系校注者和出版社方面付出了大量劳动，很多实际的工作也是他在做，在此我要特别感谢他。希望我们的丛书能够有益于读者与学术界，越做越好。

2017年6月26日

2020年3月22日略有修订

《辨学启蒙》导读

吕飞跃

一、《辨学启蒙》一书的作者和译者

辨学，英文Logic，今译“逻辑学”；辨学启蒙，即逻辑学启蒙。该书英文名为*Primer of Logic*，即讲述归纳法和演绎法，为晚清民国时期首次全面向中国人介绍西方逻辑学的著作。其作者为威廉·斯坦利·杰文斯（William Stanley Jevons，艾约瑟译为“哲分斯”），杰文斯之父托马斯·杰文斯（Thomas Jevons）为铁商，母亲安妮·杰文斯（Anne Jevons）是位诗人，外祖父威廉·罗斯科（William Roscoe，1753—1831）是英国历史学家、废奴主义先驱、议员、律师、银行家和植物学家。杰文斯于1835年9月1日出生于英国利物浦，为英国著名的经济学家和逻辑学家。十五岁时，求学于伦敦大学学院；1854年6月，离开英国前往悉尼，担任造币厂的分析员；1859年秋，作为学生重新进入伦敦大学学院，并获得伦敦大学学士和硕士学位，其间，他主要关注道德科学、逻辑学和经济学。硕士毕业不久，即任教于曼彻斯特欧文斯学院（今为“曼彻斯特大学”），并于1866年当选为欧文斯学院逻辑与思想道德哲学教授和科布登政治经济学教授；1876年转教于伦敦大学学院；1880年因患抑郁症辞职；1882年8月13日，在黑斯廷斯沐浴时，不慎溺水身亡。

杰文斯学术造诣甚深，著作等身，经济学方面的主要作品有《政治经济学理论》（*The Theory of Political Economy*）、《科学原理》（*The Principles of Science*）、《货币与财政调查》（*Investigations in Currency and Finance*）等。作为经济学家，他受杰里米·边沁的影响，

提出了著名的“效用理论”[1]（Theory of Utility），即商品的效用的度量是商品数量的连续函数，亦即表达出经济学也是一门数学科学的观点，这是较早用数学对经济学进行解释的理论，该理论随后被欧美经济学界有所发展。在逻辑学方面，著有《纯粹逻辑，或除数量之外的质量逻辑》（*Pure Logic，or the Logic of Quality apart from Quantity*）、《逻辑基础教程：演绎与归纳》（*Elementary Lessons in Logic:Deductive and Inductive*）、《逻辑学入门》（*Primer of Logic*）、《演绎逻辑研究》（*Studies in Deductive Logic*）等。其中，《逻辑学入门》（*Primer of Logic*）一书即为本书《辨学启蒙》的英文原著，由艾约瑟于1886年译成中文，1908年严复再次翻译该书时，译名更为《名学浅说》；而杰文斯另一逻辑学著作《逻辑基础教程：演绎与归纳》则分别由张君劢译成《耶方思氏论理学》（1907—1908）、由王国维译成《辨学》（1908），王宠惠又将王国维所译文本删校成《英文名学》[2]一书，作逻辑学教材使用[3]。其逻辑学著作在晚清民国之际，先后被多人关注并翻译，可略见当时杰文斯逻辑学在中国传播盛况之一二。

本书的译者是艾约瑟（Joseph Edkins），为晚清来华的基督教传教士。艾约瑟于1823年12月19日生于英国格洛

[1] 该理论最早见于杰文斯1862年出版的*A General Mathematical Theory of Political Economy*一书，在1872年出版的*The Theory of Political Economy*一书中则详细论述了该理论。

[2] 该书于1914年由中华书局出版。

[3] 参见何杨：《20世纪前期现代逻辑在中国的译介补述》，《现代哲学》，2017年第2期，第147页。

斯特郡的内尔斯沃斯（Nailsworth），1843年毕业于伦敦大学。1847年12月8日，艾约瑟被英国伦敦会按立为传教士，1848年7月22日离开伦敦赴中国，9月2日抵达上海，开始其文化传教的生涯。从1852年到1858年，艾约瑟负责编辑《华洋和合通书》，后来被称为《中西通书》（*Chinese and Western Almanac*）；与此同时，与李善兰、王涛等人合作，将西方科学著作译成中文；且参与《圣经》的翻译，成为英国皇家亚洲协会华北分会的成员。19世纪50年代，艾约瑟还在上海和宁波地区进行了大量的旅行和街头布道。1858年，艾约瑟回国完婚，后于1859年重返上海，次年7月，访问了在苏州的太平天国将领李秀成，以“接触探悉他们对外国人的感情和意见”[1]，次年赴南京，了解太平天国的信仰及商讨通商事宜，然而，在“上帝有形还是无形”的问题上与洪秀全所进行的正面交锋[2]，造成彼此之间信仰裂痕的全面爆发，并促使艾约瑟放弃和太平天国建立关系的梦想。1860年，艾约瑟迁居烟台，后又至天津，并于1863年定居北京，此后除短暂回国或外出外，共在北京生活三十余年。1880年，艾约瑟辞去伦敦会职务，供职于海关，成为海关翻译，“启蒙丛书十六种”[3]即在此后相继译出。1905年4月23日，艾约瑟病逝于上海。

[1] 艾约瑟著，王崇武译：《访问苏州的太平军》，《历史教学》，1953年第2期，第8页。

[2] 茅家琦：《太平天国对外关系史》，北京：人民出版社1984年版，第107页。

[3] 在“启蒙丛书十六种”中的《西学略述》是艾约瑟为概括其他丛书而写的总论，非译自他人。然因该丛书共有16本，李鸿章和曾纪泽所作之序也称之为“格致启蒙之书十有六种”，故合称之。其他15种详见后文所附“启蒙丛书十六种”序之艾约瑟序。

艾约瑟一生笔耕不辍，研究的范围也十分广泛，主要集中于汉学研究，最突出的当属语言学领域。1848年，艾约瑟初至沪上，即投入对汉语的研究中，并有多部专著、论文发表，主要著作有：*A Grammar of Colloquial Chinese:as exhibited in the Shanghai dialect*；*Progressive Lessons in the Chinese Language, with the Lists of Phrase and Common Words*；*The evolution of the Chinese language:as exemplifying the origin and growth of human speech*；等等。艾约瑟对语言学的研究涉及面极广，不限于汉语领域，还包括希伯来语、上古西亚语（楔形文字）、日语、汉语及上述各种语言之关系。与此同时，由于自身的传教士身份，艾约瑟在宗教、哲学以及历史文化等方面的著述同样丰富，刚到中国，即著成《释教正谬》一书，但由于基督教立场过于鲜明，旋即引发佛教界的轩然大波，尤以日本佛教界的反驳最为明显[1]。终艾约瑟一生，对佛教的研究推陈出新，从其后期出版的《中国佛教》（*China Buddhism*）一书来看，相较于前期，其态度也有明显变化，护教立场虽然不移，但其态度明显缓和，论据也更为充分且有说服力，后又著成*Chinese Buddism*:*A Volume of Sketches, Historical, Descriptive, and Critical*和*The Early Spread of Religious Ideas, Especially in The Far East*等多部宗教学著作。同时，艾约瑟对中国的道教、民间迷信、风水、星象等也有研究与批判。晚年，艾约瑟转向对中国

[1] 佛教界辩驳此书者，主要在日本，主要有养鸫彻定之《释教正谬初破》《释教正谬再破》各一卷，南溪之《释教正谬噱斥》二卷，南条神兴之《释教正谬辩驳》等。

财政、货币等领域的研究，著作有*Chinese Currency*、*The Revenue and Taxation of the Chinese Empire*和*Banking and Prices in China*等。

二、《辨学启蒙》的主要内容

《辨学启蒙》一书为艾约瑟受赫德之托翻译的“启蒙丛书十六种”之一。这部丛书的由来是1880年12月10日，赫德托“中国海关驻伦敦办事处主任金登干订购麦克米伦公司（Macmillan，李鸿章在丛书序文中称之为‘麻密纶大书院’）出版的‘科学初级读本’和‘历史初级读本’”[1]，故而该丛书为“泰西新出学塾适用诸书”。其费用支付方为中国海关在伦敦开办的丽如银行，以字户头A进行支付[2]。翻译时，采择除文学书籍以外的“历史初级读本”和“科学初级读本”的全部内容。“启蒙丛书十六种”的翻译开中国大规模引进西方教科书的先河，开启了中国教育领域全面引进西学的浪潮，并促成了清廷教育体制与科目设置的改革（详见下文）。先前的传教士或中国学人所引进的西学，零散而不成系统，艾约瑟“启蒙丛书十六种”的翻译极为全面，涉及天文地理、自然科学、物理化学、人文历史、哲学宗教、生理、动植物学、经济学等诸多领域，为中国人全面认识西方和世界，了解现代人

[1] 钟叔河、曾德明、杨云辉主编：《走向世界丛书·（英）艾约瑟等西学启蒙两种》，长沙：岳麓书社2016年版，叙论第19页。

[2] 中国海关共在丽如银行设立A、C、D三个户头的账户，后又增设特殊账户G，以应付清政府特殊事务，此外，还有赫德的私人账户Z。详见《中国海关密档》，北京：中华书局1990年版，第一册第10页。

文社科、自然科学知识提供了很大助益。

《辨学启蒙》全书共二十七章，一百九十九节，另附艾约瑟翻译时自加的考课诸问。二十七章内容可分为四部分，第一部分为第一章至第七章，主讲单一独立命题中类项的划分、语言和词汇的规范使用及逻辑学中事物的分类方法，以此来为下文所讲的逻辑推理作铺垫。其中，单一独立命题中类项划分主要讲述命题中的主项（艾译称“前界语”或“专重语”）、谓项（艾译称“后界语”或“申明语”“申明形势语”）和联项（艾译称“通脉字”）问题；语言和词汇的规范使用则主要讲述词汇或语言的多义、歧义现象，诸如一词多义、含混语句或词语和词汇含义的历史流变等情况；事物的分类主要讲述了分类的基本规则与方法，如以事物的形态论，当分固体、液体和气体，以及逻辑学的种属加差法和二分法。

第二部分为第八章至第十四章，主要讲述演绎推理的主要类项。仔细说来，第八章总讲命题的类型，即肯定否定命题（艾译称“正反面语句”）、假言命题［艾译称“虚拟（字样）语句”］和选言命题［艾译称“分歧口头（之）语句”］，进而论到四种逻辑学命题，即全称肯定命题[艾译称“包括至尽头处之（正面）语句”或“数无尽之（正）语句”]、特称肯定命题[艾译称“包括未至尽头处之（正面）语句”，或“数有尽之（正）语句”]、全称否定命题［艾译称“包括至尽头处之反（面）语句”，或“数无尽之反（面）语句”］、特称否定命题［艾译称“包括未至尽头处之反（面）语句”，或“数有尽之反面语句”］，下文即基于这四种命题对命题进行阐释、推论和演绎，并以平面圆形或相交，或相离，或内含的方式简单表达了四种命题的准确含义。第九章则讲述了命题之间的转换逻辑，即在原命题、逆命题、否命题和逆否命题之间的相互转换，如论及原命题和逆命题之间的转换时说道："即将旧用之专重语，易而为申明形势语，旧用之申明形势语，易而为专重语矣，即所谓倒置语句也。新裁得之语句，为旧语句倒置之式，绝不可误认旧语句既为是者，新语句亦恒为是也，殆有时如是言之，亦有时不如是言之。"（见《辨学启蒙》六十五节，下文即简称"见×节"）意即原命题为真，将主项和谓项互为颠倒以后所得到的逆命题不一定为真。其他关于命题之间的转换，艾约瑟于书中已详尽列出，兹不一一赘述。

第十章主要讲述了三段论的演绎推理（艾译称"次第连合成之三语句"或"次第连合成之论断语"等）。三段论推理为哲学中常见的演绎推理，基本形式为两个前提和一个结论，两个前提分别为大前提（艾译称"首出语"或"首先出语"）和小前提（艾译称"次出语"或"次先出语"），结论（艾译称"断定语"或"断定接收语"）即由两个前提中推导出。引用艾约瑟所举例子表达为：

> 英国银钱，皆在伦敦城铸成者；
>
> 施零（即"先令"，注解详见书中，下同）皆为英国银钱也；
>
> 因知施零均在伦敦城中所铸成。（见七十一节）

每一条三段论推理中，有大项（艾译称"大界语"）、中项（中界语）和小项（小界语）之别。论及诸项之间及结论的关系时，以上所举例子为引，艾约瑟说英国银钱“为彼定名为‘中界语’”，伦敦城铸成之诸钱“即断定语句之申明语，英文为大得耳马，可译为‘大界语’”，同时，施零即“所谓小得耳马，而译为‘小界语’，且恒为断定语句之专重语”，并认为“倘有人将首出语列于次出语下，辨学书中名目未改，犹得谓为首出语，因有大界语在内故也”（见七十四节、七十五节）。依照语言描述的顺序决定的大项、中项、小项在三段论中不同的位置分布，三段论可分为四个格（见书中七十五节注释）。

第十一章接续第十章之内容，讲述三段论的六条基本规式：

一、凡次第连成之三语句内，必有三界语，且不能过夫三界语也。

二、凡次第连成之论断语，必有三语句合成也，然亦不能多于三语句耳，一为断定语句，并有二先出之语句，一为首出语，一为次出语也。

三、极紧要者，为次第连合成之三语句，中界语务于首出、次出之语中，决有一次包括至于尽头处也。

四、断定语句中，提及无论何界语所包括之一切物，非于或首出或次出语句中之界语有一次包括至尽头处，决不可也。

五、首出、次出语，均为反面语句时，无可推出之断定语也。

六、设首出、次出之语句中，有一为反面者，断定语句亦必为反面；且首出、次出语句中，非有一为反面者，亦不能有一反面断定语句。

这六条规式在书中已加注原著原文并注解今义，具体参见七十七节至八十二节，兹不赘述。值得一提的是，这六条精确描述了亚里士多德关于“三段式”推论的具体要求，是第一次向中国人全面介绍逻辑学的三段论问题，对西方逻辑学的介绍功莫大焉。由于任何一个命题（即全称肯定、否定，特称肯定、否定四种命题之一）皆可以作大前提、小前提或结论，并将四种命题置于上文所言的四个格中，共可得到256个三段论可能式，在结合三段论之规式六条后，则仅可得到二十四有效式，再去除其中的五个弱式，即得到艾约瑟所讲的“三语句论断语之十九式”（详见九十二节及注释）。随后，在本书的第十二章和第十三章，艾约瑟分别讲述了假言命题、选言命题的具体定义、分类以及在进行推论时应注意的事项，第十四章则讲述了三段论推理的省略式。这三章的内容较为简单，不必细论。

从第十五章开始，为本书第三部分，即开始讲述归纳法（艾译称“即物察理”或“藉物察理”）。详论该逻辑方法之历史时，艾约瑟称其首创自罗吉尔·培根（罗支贝根），经哥白尼（哥伯尼）、伽利略（加利略）等人发展，至弗兰西斯·培根（法兰西贝根）时，归纳法得以最终确立。至于归纳法的具体要求，艾约瑟将四步骤译为：

一、欲考求一段理，将与之连而切近之无论有何名物实事，俱探讨而知之真切，亦属非第按部就班设法寻求尝试得，兼可恍然悟得也。

二、论所得来之实事也。辨论之式，即从心悬拟出尚未定准其是非之若干理。如是为之，可权为悬揣出可包数端事之一理，或一论说，以判清其能否为与实事相符之公理耳。

三、用次第连合成之三语句式，或用他等凭理度事物之辨论式，于权立之拟议理诚为是时，推阐出相继而必有与此理相关之实事也。

四、将推察出之诸理，一一与初时所援取之实事互较矣；或别设数端测验之法，试验出若许前未考知之实事，复加一番校勘，以便知其所悬拟之说，与实事合焉与否。

进而将这四步骤缩略概括为：预为究察实事、创成悬拟之说、凭理推阐诸事和征验所推诸理（详见一百零八节至一百一十八节）。下文至第十六章皆为举例以简单论证归纳法之四步骤。从第十七章至第二十一章，继续详论进行归纳时的注意事项，分别讲述了对归纳法的检查和验证、推求归纳事物之所以如此的原因、对情节相似之处的搜集及求证、对受外因影响下事物变化的归纳和对事物定期变更进行归纳五个问题。第二十二章讲在推求检验所得到原因及所产生的情况相同时，方可归纳及如何归纳的问题；第二十三章讲述从数端情况推至全局及在推及全局时应当注意的问题，第二十四章则讲了对相似情况进行推论时应注意的问题，而这两章的内容主旨，即为归纳法的实际应用问题。

最后三章，即第二十五章、第二十六章和第二十七章为本书第四部分，主要讲述了进行逻辑推论时容易产生的诸种错误。首先讲的是演绎法错误推论，一是误会意和妄辩论。所谓误会意，即建基于错误的观点或意见上的逻辑命题，而妄辩论则是错误的推理逻辑。艾约瑟极力强调，这两点根本不同，进行逻辑推理时必须注意。二是语义含混之差谬，这一点又分曲解语义、忽视专有名词和普通名词的不同两种情况。在第二十七章中，则主要讲述了归纳法推论的诸种错谬情况，归结起来，该书认为共有三种情况：

> 一、有时于多端事故中确有之一种情节，误推及不归入其理中而自有专理之某情事，即所谓推阐逾分病也；二、时或只于数端有专理之情节中，见为确有之一理，余等误视为于诸多他情事中，亦确有是理，仿若可奉为大同所有之公理观也；其三，即于有专理之一端情节，推及于与此原无关涉，别有一端专理之他情节也。（见一百九十三节）

易言之，即为由普遍误推向特殊，由特殊误推向普遍，由特殊误推向特殊。

三、《辨学启蒙》一书的特色

在中国传统思想中，与逻辑学相近的思想当属战国时期的名家思想，另外，《墨子》中《墨经》部分也有相似的论述。名家思想的主要人物是惠施、公孙龙，主张“离坚白”和“合同异”，究实而论，仍与西方逻辑学并不相同。因为名家论辩的主要目的正如《汉书·艺文志》所载：

"名家者流，盖出于礼官。古者名位不同，礼亦异数。孔子曰：'必也正名乎！名不正，则言不顺，言不顺，则事不成。'此其所长也。"即为"正名"服务，而非纯粹的逻辑推论。即便如此，名家崇尚辩论的作风，在中国历史上，也并不为思想家所喜闻乐见，孟子说"予岂好辩哉？予不得已哉"[1]就是对崇尚辩论的强烈否定，荀子也认为该派思想"不法先王，不是礼义，而好治怪说，玩琦辞，甚察而不惠，辩而无用，多事而寡功，不可以为治纲纪"[2]，有攻讦别人、危及政治安全的嫌疑，遂遭到批判而消殁于历史长河之中。另一方面，就墨家思想而论，《墨经》的主要内容虽为认识论、逻辑学，将知识分为闻知、说知和亲知，并提出"辟""侔""援""推"等逻辑范畴，且对惠施、公孙龙的名学观点进行了批评总结，但其辩论的目的在于"将以明是非之分，审治乱之纪，明同异之处，察名实之理，处利害，决嫌疑"[3]。如果从西方逻辑学的角度来看，中国并不存在这样的逻辑理论[4]。

早在明末清初西学东渐之时，中国士人也曾和传教士译介过西方逻辑哲学书籍，但由于西学东渐中断而其影响不见之于历史（见下文论述）。艾约瑟《辨学启蒙》作为晚清第一部向中国人全面系统地介绍西方逻辑学的著

---

[1] 杨伯峻译注：《孟子译注·滕文公下》，北京：中华书局2006年版，第154页。

[2] 方勇、李波译注：《荀子·非十二子》，北京：中华书局2014年版，第71页。

[3] 王运熙、余冠英等编：《墨经·小取》，贵阳：贵州人民出版社1990年版，第526页。

[4] 曾祥云：《名学、辩学与逻辑》，《逻辑学研究》，2009年第2期，第104页。

作[1]，由于当时中国人对逻辑学十分陌生，艾约瑟在翻译该书时竭力尽心，力求使读者对之有全面的理解，从而也使本书呈现出许多特色。

1. 中西文化的结合举例，以避免文化隔阂

这一点一方面主要体现在为使读者理解，艾约瑟在翻译时所添加的补充文字中，如在二十节，杰文斯原文为基督教的例子，艾约瑟则保留原例，复举中国宗教中的例子以为说明，杰文斯原文在艾约瑟文中译为：

> 如英国信奉耶稣教者，有国会教，复有民会教。倘于某奉耶稣教之人，呼之为奉国会教者，或呼之为奉民会教者，而奉民会教者，即为奉国会教者之对。譬云民会教诸支派中之长老会奉教者，欲索其确对不能得，不得已，即迁就而对以非长老会奉教者矣。

此例在当时中国，未必凡阅读此书者皆知所云，艾约瑟为说明该处例子之意，即举中国道士僧人之称谓以辅证之，将之附于文后，其所加部分为：

> 如中国之呼为出家人者，有僧人，有道士，道士适堪为僧人相反之对，僧人亦适堪为道士相反之对。苟非然者，倘言内止[2]有僧人，即须牵强以非僧人，

---

[1] 见钟叔河、曾德明、杨云辉主编：《走向世界丛书·（英）艾约瑟等西学启蒙两种》，长沙：岳麓书社2016年版，叙论第20页。

[2] 止，同“只”，《辨学启蒙》中“止”“只”二字混用。

或非出家人为之对矣。

如此相对，互为参照，便十分清晰明了，这样的情况在书中是多次出现，不胜枚举。（该例见二十节）

另一方面也体现在所举例子之中，为清晰表达，而对原例进行了模仿修改。如杰文斯原文九十五节所举例子译为汉语如下：

如果曼彻斯特有主教教堂[1]，则必为城市；
曼彻斯特确有主教教堂；
因知它肯定是城市。

例子中一则曼彻斯特不一定为大多数中国人所熟知，二则中国人也许更不知主教教堂为何物，故而艾约瑟将之替换为：

凡有巡抚衙门之城皆为省城；
济南府有巡抚衙门；
是以为省城。

将“曼彻斯特”以“济南”替代，“主教教堂”更改为“巡抚衙门”，则避免了中国人对所举例子不甚明了的问题。（该例见九十八节）

---

［1］主教教堂是施行主教制的基督教派（如天主教、东正教等）在教区中设立的具有特殊地位的教堂，内设主教座位，供主教主持敬礼仪式、教导信徒及总览教务，且通常在其附近建有主教公署。

2. 宗教色彩尚有，但十分淡化

艾约瑟在供职于海关之前，为来华传教士，长期从事传教事业。供职于海关后，方翻译此套丛书。但艾约瑟在翻译此书时，尚有一定的宗教情怀在内。如在四十九节原文所举为“使人和睦的有福了”和“强权即真理”二例，很显然“强权即真理”不合于基督教信仰，艾约瑟即将之删除，而专论“使人和睦的有福了”一例，因为该句出自《圣经·新约·马太福音》，该句话在书中被艾约瑟多次举到，即使在原文作者没有举到该例时。但就总体而论，宗教信仰色彩十分淡化，在翻译时，他对与基督教信仰曾经产生巨大冲突的近代科学人物如哥白尼、伽利略等人，也无贬斥词汇，反而对他们的格致学之功绩多加赞赏（见一百一十节、一百一十一节、一百二十五节）；而他对于原来因基督教信仰而导致的认识错误，也没有隐晦，如对于有关阿尔卑斯古生物遗迹，有人认为是朝拜救主墓的食物残留的怪谈，或有人认为是《圣经》中神话故事，即挪亚时代洪水灭世所致等谬论，均予以驳斥，而肯定了是生物沉积进而又经阿尔卑斯山造山地质运动所致的科学结论（见一百一十九节、一百二十节）。

3. 各种科学、人文知识的译介

《辨学启蒙》一书主要讲述逻辑学中关于演绎法和归纳法的相关知识，不论是演绎还是归纳之法，均离不开举例以为其说明。本书原作者杰文斯在书中业已频频举例，艾约瑟为使中国读者明白所讲之意，也增加一些例子，襄助读者理解。这些例子涉及知识面极广，大致包括天文学、地理学、历史学、哲学、宗教学、政治学、物理学、化学、生物学、法学等。其中，天文学所举例子有极光、太阳黑子和耀斑、月相与潮汐、天文气象等（见第二十一章），此外，还掺入《天文启蒙》一书，以讲明月食、日食之成因和火星有无水存在（见一百六十二节、一百六十四节）；地理学所举例子有格陵兰之爱斯基摩人[1]、澳洲土人（见四十一节）、新几内亚岛人（见一百九十节）等地区的风土人情和地质演变（见一百一十九节、一百二十节）等；历史学有古希腊（哲学宗教相关的部分甚多，几乎散见于全书中）、罗马帝国史（见四十九节）、英国历史（见三十节等）、英美政治制度（见八十四节）、中国历史（见三十九节、九十六节等）等内容；哲学、宗教学主要包括基督宗教内容、西方哲学、中国哲学思想及宗教等；物理学有伽利略比萨斜塔试验（见一百一十节）、牛顿万有引力（见一百二十三节、一百二十四节）和光声电学等；化学有空气成分构成、铁生锈原因（见一百三十九节）、二氧化碳致死活物之分析（见一百三十四、一百三十五节）和炸药原理等；生物学主要讲述生物的分类及划分的标准（第三章）等；甚至还有一些刑狱断案的法律学证据的收集、判定情由的讲述（见一百二十八节）。这些例子除了有关于中国的部分为中国人所熟知以外，大部分例子为中国人甚少见闻，它们穿插于全书之中，不仅丰富了本书的内容，令读者更加了解逻辑学的含义，也扩大了国人的视野，对中国人了解世界有一定的作用。

[1] 原文如此，今作“因纽特人”。

4. 用语平实客观，忠实原著，照节翻译

杰文斯所著*Primer of Logic*一书，共计二十七章，一百九十九节，艾约瑟翻译此书，亦复如此。文中所举诸例，除了艾约瑟所添加的中国内容外，大部分例子均为原书所有，与原书保持了高度的一致性。该书翻译时所用的语言词汇，几乎为早期白话文，除了个别哲学术语、地理名词、人名用字以及历史典故等翻译与现今所译有出入外，读者理解起来并不十分困难。

当然，艾约瑟在翻译时也出现了一些错误，如杰文斯原著中的Solanaceae，意为“茄科”，且该科部分植物有毒，但艾约瑟译为“薯蓣科（Dioscoreaceae）”，薯蓣科是无毒种属，艾约瑟称该科植物有毒，为误译（见三十四节）。其他类似的错误在书中仍有，点校时已经列出，在此不一一列举。

四、艾约瑟《辨学启蒙》与严复《名学浅说》之比较

杰文斯所著*Primer of Logic*一书，先后被艾约瑟于1886年译为《辨学启蒙》和严复于1908年译为《名学浅说》，前文已有述及。有意思的是，艾约瑟所翻译《辨学启蒙》为严复在翻译《名学浅说》以前就已经熟知了，1905年，严复翻译英国John Mill（严复译“穆勒”，今译“约翰·密尔”）所著的*A System of Logic*: *Rationary and Inductive*（严复译《穆勒名学》）一书时，即说：

耶方斯（即杰文斯）著《辨学启蒙》，其书之

论联珠，以圆代词；观其圆之交融分处，则委词之全篇，正负了了不纷，甚便初学，亦新术也。此书总税务司赫德尝译以行世，学者参阅可也。[1]

可见，在严复翻译*Primer of Logic*一书时，不仅已经知道该书被艾约瑟翻译了，同时，又由于两人译本中有部分相似内容[2]，可知严复有可能在翻译《名学浅说》一书时参阅过艾约瑟所译的版本。有鉴于此，对二者的翻译版本进行比较，就更有意义了。大致说来，二者翻译版本间的差异主要有以下几点：

一是就所译的逻辑学专用词语和文本来看，艾约瑟的翻译用词简单直白、清晰明了，而严复的翻译则文雅而略显晦涩深奥。由于文本是整体性的对比，读者可在阅读这两本书时，获得较为直接的观感，故不必对文本进行详细的说明与解释。下表仅以部分逻辑学专用词语的翻译为例，将英文原文、艾约瑟所译、严复所译和现在通用逻辑学术语的对照列出，以便于作一比较，同时，也可间接说

---

[1] 约翰·密尔著，严复译：《穆勒名学》，北京：商务印书馆1981年版，第160页。《辨学启蒙》为赫德托艾约瑟进行翻译，而非赫德翻译，严复在该处所述有误。

[2] 如杰文斯*Primer of Logic*一书38节中，关于书的分类说道：Books might be divided into those which treat of History, Geography, Biography, General Literature, the Physical and Moral Sciences, the Arts, Political Economy, Theology, Poetry, Fiction, Periodical Publications, etc。对此，艾约瑟翻译为：“书之中分为经史子集，复分为格致、地理、诗与小说各等小品类。”严复译为：“家中所藏之书，则分经史子集之类。”（分别见二人所译之三十八节）二人的翻译均基于中国人所熟知的图书分类方法，具有高度一致性。二人所译还有其他的相似性，兹不赘述。

明二者翻译文本的实际情况[1]：

英文原文	艾约瑟译	严复译	通用逻辑学术语
proposition	语句	词头/词句	命题
universal affirmative proposition	包括至尽头处之（正面）语句	统举正词	全称肯定命题
universal negative proposition	包括至尽头处之反（面）语句	统举负词	全称否定命题
particular afirmative proposition	包括未至尽头处之（正面）语句	偏及正词	特称肯定命题
particular negative proposition	包括未至尽头处之反（面）语句	偏及负词	特称否定命题
the syllogism	次第连合成之三语句	演连珠	三段论
hypothetical proposition	虚拟字样之语句	有待之词	假言命题
disjunctive syllogism	分歧口头之语句	析取之词	选言命题
inductive reasoning	即物察理法	内籀法	归纳法
deductive reasoning	凭理度物法	外籀法	演绎法

从上表所列的词语对照中我们可以看出，虽然艾约瑟与严复所译与现在逻辑学通用术语均有距离，但就可理解性这一点而言，显然艾约瑟的翻译直白，理解起来不甚困难，但对逻辑学术语内涵的传达未免不甚准确，如以“语句”对译“proposition”（命题）；严复的翻译虽然足够

[1] 下文所列之表格为本书中部分中英逻辑学词语对照表，全表详见附录；表中所有难以理解的词语，可参见附录表中注解。

文雅，却未免成为阳春白雪而较难理解，一些词语诸如“连珠”“统举”“偏及”“有待”“内籀”“外籀”，严复在翻译之时，还特意作了一番解释，以便于理解；而将命题译为“词”或“词头”，也容易令读者产生误解，毕竟命题是由一系列词语组成的语句，而很少由单个词语构成。

二是就翻译文本忠于原著的程度而言，艾约瑟的翻译依原文的成分多，在列举中国人所熟悉的案例时，并不对原书作出修改，保留原例照章翻译；而严复在翻译时，不仅将西方逻辑学视为中国古代已有之学，同时，也去掉很多具有西方文化特色的例子，而换成了为中国人所能理解的传统文化之例，文化本位色彩十分明显。这一点主要体现在以下几个方面：

首先，严复认为逻辑学的知识为中国古人所有，并非来自西方。严复的一般论述模式是在章节的开头，先撇开原文不译，反而引用中国古代类似于逻辑学的思想，进而证明逻辑学已为中国所有以后，再译原书。如在第十一章的第一节，严复在译文开头说道：“名学为术，吾国秦前，必已有之，不然，则所谓坚白同异、短长捭阖[1]之学说，末由立也。孟子七篇[2]，虽间有不坚可破之谈，顾其自谓知言，自白好辩，吾知其于此事深矣；至于战国说士，脱非老于此学，将必无以售其技。盖惟精于名学者，

[1] 坚白同异指的是名家学说，短长捭阖指的是纵横家学说。

[2] 指《孟子》一书共有《梁惠王》《公孙丑》《滕文公》《离娄》《万章》《告子》和《尽心》七个部分，其实每个部分又分为上、下两个文集。

能以明辨以晰；亦惟精于名学者，乃知所以顺非而泽[1]也。”[2]观其所论，不仅不将西方logic与中国古代名家思想进行甄别，以辨其不同，反将二者进行比附。在第十五章开头论到关于逻辑学常用的归纳与演绎两种方法时，严复更是说“中国由来论辨常法，每欲求申一说，必先引用古书，诗云子曰，而后以当前之事体语言，与之校勘离合，此事体语言之是非遂定，此术西名deductive，而吾译作外籀”，又说“吾国向来为学，偏于外籀，而内籀能事极微。宋儒朱子，以读书穷理解格物致知，察其语意，于内籀原未偏废”[3]。质言之，他不仅不顾历史事实地将归纳、演绎两种逻辑学方法均视为中国古代所有，且错误地意会了演绎、归纳之意，以为引证“诗云子曰”和宋儒讲求“格物致知”就是演绎、归纳。反观艾约瑟，其所举中西之例则没有这样的附会之论，在运用一些中国传统哲学词语，诸如“格致”“名学”等时，虽没有对之进行解释，然其所赋予的内涵已超脱传统文化所许可的范畴，而更接近于西方语意，故艾约瑟译本忠于原著的程度较严复为高。

其次，在全书所举的事例中，最明显的体现就是严复通篇所译很少见到有关于西方人文历史、基督教的例子，几乎将之全部换成了中国传统文化的内容，而这一点艾约瑟译本则与英文原本基本一致，读者若仔细对比二者，就

[1] 顺非而泽，指顺应非正统、甚至违背道德之引导的思想如同江河泛滥般散播四方。语出《荀子·宥坐》：“人有恶者五，而盗窃不与焉：一曰心达而险，二曰行辟而坚，三曰言伪而辩，四曰记丑而博，五曰顺非而泽。”
[2] 杰文斯著，严复译：《名学浅说》，北京：商务印书馆1981年版，第46页。
[3] 杰文斯著，严复译：《名学浅说》，北京：商务印书馆1981年版，第64页。

会发现，兹不详述，下文仅举一例说明之。如在二十六节，原书本举基督教各教派、教会事务、教职人员之例以说明“教”字在不同语境中的不同内涵，艾约瑟翻译时在保留原书内容的同时，又加入了中国“教”字之意，如中国古代教授、教谕等，以进一步说明歧义字问题；而严复在翻译时则将该例全部删除，统一替换为“国”，以中国人的家国观念、国计民生、国家制度、国民国籍等方面说明之。

复次，严复认为西方的某些科学发现已经被中国古人或发现，或描述记载，如一百四十七节，原书为说明事物定期会发生一定的变化，举日出日落之例来说明地球自转、公转之理，艾约瑟因之；严复在翻译时则将传统文化之太极加入说明之，并认为“四圣作易[1]，即言此理。宋之陈抟、邵雍、周敦颐诸子，又作太极图象之。所言不过阴阳更迭，消息盈虚，由盈而消，由消而虚，由虚渐盈，如是循环，至终无极。当日圣贤，意且以此概之万事”，且将太极图印制书中，以证斯言。如此将中国太极所述之理比附于近代西方花费巨大代价而发现的天文学知识，虽然旋即就说该论断“是否可据，可自求之，今日虽言，且不了了”[2]，但在其文化自我中心主义明显显露的同时，也传递了错误的历史事实。

再次，严复基于中国儒家传统义利之辨的影响，将原书中部分英国银钱例子换成具有中国传统文化特色的例子。如书中七十一节，原书及艾约瑟均举如下之例：

---

［1］四圣作易，指伏羲氏画卦、周文主作卦辞、周公作爻辞、孔子作《传》。

［2］杰文斯著，严复译：《名学浅说》，北京：商务印书馆1981年版，第87页。

英国银钱，皆在伦敦城铸成者；
施零皆为英国银钱也；
因知施零均在伦敦城中所铸成。

严复则将之改为苏轼的《论武王》一文之例，将该文中“以臣伐君，武王非圣人也”一句，析为三段论：

圣人不以臣伐君（例）；
今武王以臣伐君（案）；
故武王非圣人也（判）。[1]

综观严复所译全文，这样的情况比比皆是，从而使其全书道德色彩十分明显，而艾约瑟所译则没有中国传统文化以道德为核心的文化色彩，故而显得更为平实客观，接近文本原意。

最后，严复所译的版本结合时代特色十分明显，艾约瑟所译在这一点上并没有明显的体现。艾约瑟译本出现于1886年，此时洋务运动如火如荼，清王朝步入“同光中兴”时代，政治改革没有进入中国人的视野，艾约瑟的译本因此也没有涉及中国政治的部分；而在1909年前后，清末立宪运动进入高潮，严复自己又属于立宪派阵营，所以严复在翻译该书时对立宪一事甚为关注。如在九十五节、九十八节，原例为本导读中“《辨学启蒙》一书的特色”部分曾列举的曼彻斯特，艾约瑟将之换为巡抚衙门之例，严复则删去原例，更举为：

[1] 杰文斯著，严复译：《名学浅说》，北京：商务印书馆1981年版，第47页。例、案、判为严复对逻辑学大前提、小前提和结论的翻译。

假使立宪，中国可以不亡；
今立宪矣，故中国可以不亡。[1]

这一方面体现了他结合时事的翻译特色，另一方面也体现了晚清国家民族的危亡和知识分子忧虑民族前途的家国情怀。

也正是因为立宪，所以严复在翻译时，将原文中其他地方关于英国议会选举的内容予以保留。如果说艾约瑟对这一部分的翻译是因为原文如此而按部就班的无心之举，严复则明显是有意为之了。因为从严复的翻译来看，他对西方人文地理、宗教、历史不甚着墨，欧洲的阿尔卑斯山竟被其译成“欧洲的长白山”，宗教、历史部分又几乎被悉数删除，而对当时中国人不甚了了的议会选举制度却大费周折，悉心翻译，则必然与当时的立宪运动有关，详见八十九节。

五、《辨学启蒙》的历史意义

今日，学界对艾约瑟所译《辨学启蒙》一书的关注度较严复所译《名学浅说》为低，研究者在叙述近代西方逻辑学在中国的传播史时，也往往从严复所译的《穆勒名学》论起。如宋文坚所著的《逻辑学的传入与研究》一书，主要讲述中国逻辑学传播史，该书从1901年讲起，开篇即论严复所译之书[2]；其他关于近代西方逻辑学输入

[1] 杰文斯著，严复译：《名学浅说》，北京：商务印书馆1981年版，第57页。
[2] 宋文坚：《逻辑学的传入与研究》，福州：福建人民出版社2005年版。

的研究性专著大多集中出版于20世纪90年代左右，如彭漪涟《中国近代逻辑思想史论》一书，主要讲述严复、梁启超、王国维、章太炎、胡适和章士钊的逻辑学贡献，只字未提艾约瑟[1]，王奠基所著的《中国逻辑思想史》，也没有提到该书[2]；只有杨沛荪所著的《中国逻辑思想史教程》一书，简短地提到了艾约瑟的《辨学启蒙》[3]。艾约瑟《辨学启蒙》一书在近几年开始略为受到关注，已经有部分论文发表，但总的来说，其受关注度依然十分有限[4]。

逻辑学的输入，远可追溯至明末清初天主教传教士来华。“辨学”一词首次出现在艾儒略于1626年所著的《西学凡》一书，该书中，艾儒略将“辨学之论”简单地介绍为“辨是非得失之诸确法”[5]。到1631年，以《亚里士多德辩证法概论》为底本，由李之藻和傅汎际翻译的《名理探》一书中出现了“辨学”的概念，这是“辨学”在逻辑学传入中国过程中的正式出现。该书原著为17世纪葡萄牙Coimbra大学的逻辑哲学讲义，主要内容为欧洲中世纪经院哲学家所述亚里士多德的概念、范畴的学说，第一次向中

[1] 彭漪涟：《中国近代逻辑思想史论》，上海：上海人民出版社1991年版。

[2] 王奠基：《中国逻辑思想史》，上海：上海人民出版社1979年版。

[3] 杨沛荪：《中国逻辑思想史教程》，兰州：甘肃人民出版社1988年版，第291—292页。

[4] 目前，可查阅到的论文有——何杨：《20世纪前期现代逻辑在中国的译介补述》，《现代哲学》，2017年第2期；王慧斌、尚智丛：《西方逻辑学传入过程中“辨学”与“辩学”概念的演变》，《清史研究》，2015年第3期；李葆嘉：《先秦名论：认知—思辨论和伦理—权术论》，《南京师范大学文学院学报》，2010年第2期。

[5] 语出艾儒略《西学凡》，见黄兴涛、王国荣编：《明清之际西学文本：50种重要文献汇编》，北京：中华书局2013年版，第234—235页。

国人介绍了亚里士多德的逻辑学著作。在这期间，传教士也翻译出版了其他一些逻辑学著作，但由于护教色彩极为明显，故从逻辑学的角度看，价值较低，如《辨学遗牍》《辨学》《辩学章疏》等。总的来看，明末清初的逻辑学译介零碎而不系统，且由于进入清朝后，“西学东渐”因“礼仪之争”而中断，遂被埋没于历史的风尘中。

到鸦片战争前后，西方传教士再度来华，逻辑学的著作仅有少量的翻译，如1824年出版的《名学类通》（译者不详），则将logic译成“名学”[1]。真正意义上全面译介西方逻辑学著作的当属艾约瑟所译的《辨学启蒙》一书了，该书属于艾约瑟所译“启蒙丛书十六种”之一种。丛书自1886年首次由总税务司刊印出版后，由李鸿章、曾纪泽为之作序[2]，傅兰雅作《批阅西学启蒙十六种说》[3]一文，重点推荐；在1896和1898年，丛书又分别由上海著易堂书局和上海图书集成印书局再度刊印出版，张謇也于1896年应上海著易堂书局之请求为之作序，可见此丛书在当时的影响力和受欢迎程度。具体到《辨学启蒙》一书，梁启超认为该书为“特佳之书”，为学者“不可不读”[4]；前文已言，严复在翻译《穆勒名学》时也认为该

[1] 李葆嘉：《先秦名论：认知—思辨论和伦理—权术论》，《南京师范大学文学院学报》，2010年第2期，第173页。

[2] 李鸿章、曾纪泽所作之序在该丛书总论《西学略述》一书中。

[3] 傅兰雅：《批阅西学启蒙十六种说》，《格致汇编》，1891年第2期。

[4] 语出梁启超《读西学书法》，见梁启超：《西学书目表》，《时务报》，1896年第8期。

书“学者参阅可也”[1]，并建议学者“亟宜考究其理”[2]。不过，也有一些人关注的角度和上述诸人的不一样，如谭嗣同在《仁学》中也提到此书，不过他是在“西学中源说”的前提下，认为“辨对待者，西人所谓辨学也，公孙龙、惠施之徒时术之”[3]，这样的论据与严复之论相类似，未免失之考量而欠准确。

庚子事变后，通过改革教育制度使国家富强的观念逐渐成为朝野各界的共识，由于“启蒙丛书十六种”出自总税务司，且该丛书为“‘科学初级读本’和‘历史初级读本’”[4]，自然很容易进入清廷的视野。1902年，清廷制定了我国教育史上第一个全备但并未施行的学制，称为“壬寅学制”，张之洞即向朝廷建议将“启蒙丛书十六种”列为“暂为讲授，并备教员参考”[5]的书目。1904年，清廷制定“癸卯学制”时，辨学更是成为大学堂和师范学堂的必修课目[6]，随后，全国各地均照中央政府的要求，将辨学列为新式学堂学生所要学习的科目。另，癸卯学制虽以日本学制为蓝本，但清廷在《奏定学堂章

[1] 约翰·密尔著，严复译：《穆勒名学》，北京：商务印书馆1981年版，第160页。

[2] 语出徐维则辑《增版东西学书目》，见王扬宗编校：《近代科学在中国的传播》，济南：山东教育出版社2009年版，第797页。

[3] 语出谭嗣同《仁学》，见蔡尚思、方行编：《谭嗣同全集》，北京：中华书局1981年版，第317页。

[4] 钟叔河、曾德明、杨云辉主编：《走向世界丛书·（英）艾约瑟等西学启蒙两种》，长沙：岳麓书社2016年版，叙论第19页。

[5] 语出张之洞《筹定学堂规模次第兴办折》，见璩鑫圭、唐良炎编：《学制演变》，上海：上海教育出版社2007年版，第110页。

[6] 语出张百熙、张之洞、荣庆等编《奏定高等学堂章程（附通儒院章程）》，见璩鑫圭、唐良炎编：《学制演变》，上海：上海教育出版社1991年版，第338—340页。

程》中却专门规定“戒袭用外国无谓名词，以存国文，端士风”，要求“此后官私文牍一切著述，均宜留心检点……如课本、日记、考试文卷内，有此等字样，定从摈斥”[1]，以杜绝logic的日本“论理学”之译[2]。受此因素的影响，虽然后来严复将该词译为“名学”，但在其担任学部总纂，编订《辨学名词对照表》时也将之译为“辨学”，原因即是“旧译辨学，新译名学，考此字语源与此学实际，似译名学为尤合，但奏定学堂章程沿用旧译相仍已久，今从之”[3]；1907年，王国维时任学部官员，翻译编辑杰文斯另一逻辑学著作*Elementary Lessons in Logic*:*Deductive and Inductive*，按清政府翻译之要求，也将之译成《辨学》，“辨学”一词遂成为晚清时期政府学界对逻辑学的称谓，直到民国时期“逻辑学”一词出现为止。

六、校注说明

本书的校注，有几点需要仔细说明，详见于下：

1．本书之校订以光绪丙戌年（1886年），总税务司署印版本为原本校订。

2．凡本书中出现的逻辑学词语，为方便读者阅读理解，并与英文原文和严复所译作对比研读，在文中注解后，另加严复之译和今日通用逻辑学词语，齐列于书后附

[1] 语出张百熙《奏定学堂章程》，见璩鑫圭、唐良炎编：《学制演变》，上海：上海教育出版社2007年版，第500—501页。

[2] 杰文斯著，严复译：《名学浅说》，北京：商务印书馆1981年版，第71节。

[3] 详见清廷学部编订名词馆于1909年所编辑的《辨学名词对照表》中例言、第1页。

录表中，人名之译亦一并附上。文中注解，例：语句，原文proposition，今译“命题”。

3．本书中关于逻辑学命题含义阐释的翻译，由于与今日通用翻译不甚一致，故在注解中将今日之译标明，且将本书英文原文附于后，助益理解。例如：

书中原文为：“规式之第一款：谓凡次第连成之三语句内，必有三界语，且不能过夫三界语也。”

注解为：“即在每一个三段论推理程式中，有且只有三个项（即大、中、小三项），原文：A syllogism must contain three terms, and not more than three terms。”

4．将李鸿章、曾纪泽、张謇和艾约瑟四人分别为“启蒙丛书十六种”所作序言，置于艾约瑟为《辨学启蒙》所作序言之前。

5．杰文斯英文原书没有考课诸问，艾约瑟在翻译时自行编撰之，并附于其译书之后，为保持艾约瑟《辨学启蒙》一书之完整，本次校注照录之。

6．艾约瑟所译原文中，部分节题省略了十位之数字，与今日之惯例不同。为便于读者阅读，校注者统一作了修改。例如：原文“一百八节”改为“一百零八节”，“一百十八节”改为“一百一十八节”。

7．限于校注者的水平，恐难免错误，烦请见谅，并欢迎批评指正（校注者E-mail：1406016343@qq. com）。

辨学启蒙

［英］威廉·斯坦利·杰文斯　著
［英］艾约瑟　译
吕飞跃　校注

《辨学启蒙》原著作者

威廉·斯坦利·杰文斯（1835—1882）

《辨学启蒙》中文版
译者艾约瑟（1823—1905）

光緒丙戌仲冬

辨學啟蒙

總稅務司署印

《辨学启蒙》扉页书影

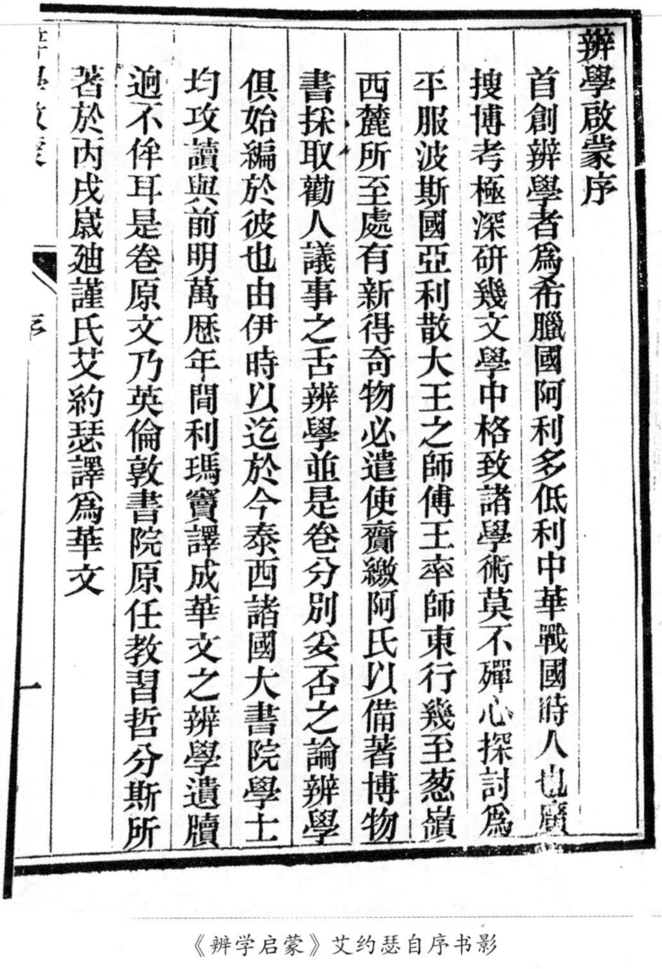

辨學啓蒙序

首創辨學者爲希臘國阿利多低利中華戰國時人也博搜博考極深研幾文學中格致諸學術莫不殫心探討爲平服波斯國亞利散大王之師傅王率師東行幾至葱嶺西麓所至處有新得奇物必遣使齎繳阿氏以備著博物書採取勸人議事之舌辨學並是卷分別妥否之論辨學俱始緜於彼也由伊時以迄於今泰西諸國大書院學士均攻讀與前明萬歷年間利瑪竇譯成華文之辨學遺牘逈不侔耳是卷原文乃英倫敦書院原任教習哲分斯所著於丙戌歲廸謹氏艾約瑟譯爲華文

《辨学启蒙》艾约瑟自序书影

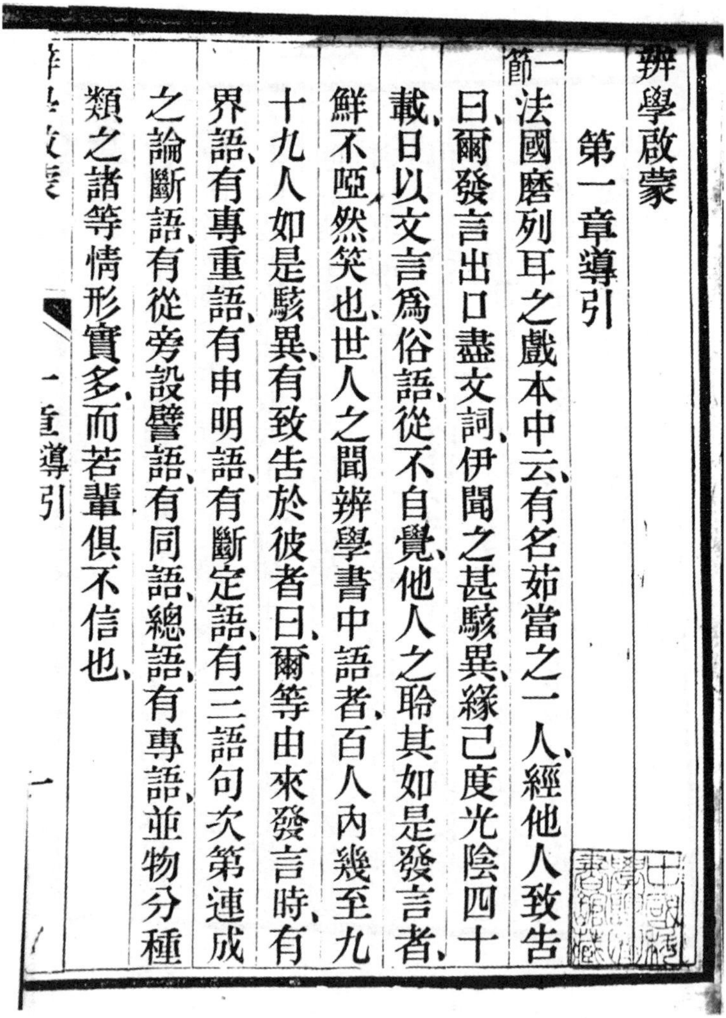
辨學啟蒙

第一章導引

一法國磨列耳之戲本中云有名茹當之一人經他人致告

節曰爾發言出口盡文詞伊聞之甚駭異緣己度光陰四十

載日以文言爲俗語從不自覺他人之聆其如是發言者

鮮不啞然笑也世人之聞辨學書中語者百人內幾至九

十九人如是駭異有致告於彼者曰爾等由來發言時有

界語有專重語有申明語有斷定語有三語句次第連成

之論斷語有從旁設譬語有同語總語有專語並物分種

類之諸等情形實多而若輩俱不信也

辨學啟蒙　一章導引　一

《辨学启蒙》书影

“启蒙丛书十六种”序

序一

李鸿章

总税务司赫君以格致启蒙之书十六种，属儒者艾君约瑟译为汉文，既成以书，来索序。余惟古神圣与物，以前民用，曰形，曰象，曰数，曰器物，皆实有其事，非虚构其理也。通天地人乃谓之儒，童子就学，教以书数，穷理精艺，实基于此。自此意微，遂以浮华无实之文字，汩没后生之性灵，乃率天下相出于无用矣。泰西之学，格致为先，自昔已然，今为尤盛，学校相望，贤才辈出，上有显爵，下有世业，故能人人竞于有用，以臻于富强。此书十六种，即麻密绝大书院[1]原本也。其理浅而显，其意曲而畅，穷源溯委，各明其所由来，无不阐之理，亦无不达之意，真启蒙善本。艾君之妙笔与赫君之盛心，并足不朽矣。

赫君在华综司关榷[2]三十年，勤能公廉，于中西、于华故相习也，而与余相知尤久，今岁谒假将回国，而是书

[1] 麻密绝大书院，即Macmillan，今译“麦克米伦公司”。

[2] 关榷，原意为官府专卖，此处指海关。

始成，属为弁言，使问相继。其用意殷肫[1]，弥为可念。余自治兵迄于建节，迭任南北洋大臣，往在江表，就制造局译刊西学书大小数十种，既来畿甸[2]创设各学堂，延西国教习以诲良家子弟之聪颖者，涂径渐辟，风气渐开，复有博闻书院之设，而赫君之书适来，深喜其有契余意，而又当其时也。孟子曰："能与人规矩，不能使人巧。"[3]如此，则能使人巧知矣。孔子曰"民可使由之，不可使知之"[4]，平叔[5]训为"百姓能日用而不能知"。圣人言"凡民正以儆学者"，此与"民斯为下"之民正同，盖谓民不可知，学者则不可不知也。若元晦[6]所训是"圣人欲民之愚矣"，是老氏[7]之旨也，非圣人之意也。同治初，同文馆教习丁君韪良成《格致入门》一书，五台徐侍郎惊为闻所未闻，使及见此，更不知若何叹赏矣。

钦差大臣、太子太傅、文华殿大学士、直隶总督、一等肃毅伯李鸿章撰。

---

[1] 殷肫，殷切诚恳的样子。肫，即诚恳。

[2] 畿甸，京都，即北京。

[3] 语出《孟子·尽心下》。

[4] 语出《论语·泰伯》。

[5] 平叔，即何晏（？—249），南阳宛县（今河南南阳）人，三国时期曹魏大臣、玄学家，著有《论语集解》《老子·道德论》等。

[6] 元晦，即朱熹。

[7] 老氏，即老子。因老子《道德经》第65章有"古之善为道者，非以明民，将以愚之。民之难治，以其智多。故以智治国，国之贼；不以智治国，国之福。知此两者，亦稽式。常知稽式，是谓玄德。玄德深矣、远矣，与物反矣，然后乃至大顺"之论，故李鸿章如是言之。

序二

曾纪泽

记曰："辟如行远必自迩，辟如登高必自卑。"[1]老氏亦云："合抱之木，生于毫末；九层之台，起于垒土；千里之行，始于足下。"[2]盖天下事业文章学问术艺，未有不积小以高大，由浅近而臻深远者。

泰西之学，条别派分，更仆难数，学成而精至者，大抵捍风霆而揭日月，夺造化而疑鬼神。方其授学伊始，往往举孩提之童所能言能知，匹夫愚妇所不屑道者，笔之为塾钞[3]，编之为日课，耆彦师姆谆复道之，不以粗浅为耻，翻以躐进为戒，其向学易而为学由次第，此泰西学者之所以众多，而成名者亦因是而济济焉，试举一二端明之。论光色之学曰：白者，诸色皆备；黑者，诸色皆无。诸色皆备，则不复受色，故以色著白纸，常推而拒之显露于纸上；诸色皆无，则能受众色，故以色著黑纸，常纳而入之隐于纸中。夫绘白纸而显露，绘黑纸而隐晦，此孩提之童所能言能知，匹夫愚妇所不屑道者也，然泰西学士由此理以证日质之所有，辨虹霓之七色，窥玻璃之三角，定藻绘之彰施，考影相之宜忌，其学无穷极焉。又论寒热之学曰：五金传热，毛羽不传热，投铁杖一端于火，火之外

[1] 语出《礼记·中庸》。

[2] 语出《道德经》第64章。

[3] 塾钞，亦作"书钞"或"书抄"，即对资料进行辑录或指辑录资料而成的图书。

不可执焚兽皮，将尽而未尽者，仍可执此传热之证也。狐貉足以御寒，非狐貉能生热也，惟其不传热，故能护藏人身本有之热。夫投铁杖与兽皮于火，可执不可执之，别此亦孩提之童所能言能知，匹夫愚妇所不屑道者也，然泰西学士由此理，以考求太阳地心之热力与一切机器键辖火轮舟车蒸汽生力之大。凡稽化学生克之源，察冷暖涨缩之理，储水银铸鼓，以制寒暑之表、风雨之针；五纬[1]彗孛地球月轮，藉摄力以环日，地火震山空阳生飓，循定规以行灾。推测之妙，通乎神明，其学亦无穷极焉。所谓积小以高大，由浅近而臻深远者，非其效欤？

总税务司鹭宾赫君[2]择泰西新出学塾有用之书十有六种，属英国儒士艾先生约瑟译成华文。书成问叙于予。予尝忝持使节，躬竦[3]欧洲，每欲纂辑见闻，编为一帙，事务纷乘，因循不果；今阅此十六种，探骊得珠[4]，剖璞成玉，遴择之当，实获我心。虽曰发蒙之书浅近易知，究其所谓深远者，第于精微条目益加详尽焉耳，实未出此书所纪之范围之外，举浅近而深远寓焉，讵非涉海之帆楫、烛暗之灯炬欤？古称通天地之人为儒，又曰“一物不知，儒者耻之”，儒岂易言？发轫于此书，就性天之所近，更著研耽之力其于专门之学，殆庶几乎？《尔雅》训诂之文，

[1] 五纬，亦称五星，是古代中国对太白星（金星）、岁星（木星）、辰星（水星）、荧惑（火星）、镇星（土星）五星的合称。五星与日、月合称七曜。

[2] 鹭宾赫君，即罗伯特·赫德（Robert Hart，1835—1911）。

[3] 竦，通“莅”。躬竦，即亲自到某处。

[4] 探骊得珠，意即在骊龙的颔下取得宝珠，原指冒大险得大利，后常比喻文章含义深刻，措辞扼要，得到要领。出自《庄子·列御寇》：“取石来锻之！夫千金之珠，必在九重之渊而骊龙颔下。子能得珠者，必遭其睡也。使骊龙而寤，子尚奚微之有哉！”

《急就》奇觚[1]之字，贾、董、扬、班[2]于是乎兴。吾人而有志于西学，则虽以《尔雅》《急就章》视此编可也。

诰授建威将军、管理三库事务大臣、帮办海军事宜大臣、总理各国事务衙门大臣、户部右侍郎兼管钱法堂事务、世袭罔替一等毅勇侯兼一云骑都尉世职湘乡曾纪泽劼刚氏撰。

[1] 奇觚，犹奇书。觚，古代用来书写的木简。《急就篇》卷一："急就奇觚与众异。"颜师古注："言学僮急当就此奇好之觚，其中深博，与众书有异也。"《急就篇》又名《急就章》，是西汉元帝时黄门令史游为儿童识字编的识字课本。因篇首有"急就"二字而得名。《急就篇》用不同的字组成三言、四言或七言的韵文，内容涉及姓名、组织、生物、礼乐、职官等各方面，如一部小的百科全书。该文从汉至唐一直是社会流传的主要识字教材。唐代以后，《急就篇》的主导蒙学教材地位方为《千字文》《百家姓》《三字经》所代替。

[2] 贾、董、扬、班，指两汉时期的贾谊、董仲舒、扬雄和班固，四人分别以政论、文学、思想或述史见长。

序三

张謇

天地开辟以来，我中土立国最先，顾其时獉獉焉，狉狉焉[1]，浑噩沕穆[2]之象而已。世代递降，人事日新，历来才智聪明之士，往往出其余力，以穷究夫推步、测算、制作之事，其书至今盖犹有存者。假令当年好尚相同，群天下之人标新立异，积久不懈，其所成就，庸讵知不有与造化争其巧者？然而圣王知浮伪之足以乱世害俗也，于是作为奇技淫巧者有诛，是庙堂禁之于其上，草野虽不敢习之于其下。朱子补释格物致知之章，亦第言其理而不言其效，天下后世仍只安其日用所习之常，然后知我中土圣人之教之大也。

泰西自犹太立国于三代之间，滋生蕃育，递衍递推，至于今日，各国且纷纷林立矣，独是壤地既远，风土遂异，纲常之道，盖亦稍稍殊矣。至于富强之术，则有非中土所能几及者，然亦不外夫推步、测算、制作诸事，而其实皆一一导源于中土，惟能沿流以穷其源，又复精而益进，驰心思于六合八极之表，日从事于可惊可愕之端，于是一孔目论之士，几以精巧为泰西独得之奇，而不知其渊源之有自也。海禁既开，交涉日众，以我之日用行习周旋于其间，先已孱弱不振，至于龃龉既生，兵革相见，礼仪

[1] 獉獉焉，狉狉焉，即草木丛杂，野兽出没，指远古混沌未开的景象。
[2] 沕穆，幽远隐藏。语出《史记·屈原贾生列传》："沕穆无穷兮，胡可胜言！"

干戈，忠信甲胄，要不可复用之于今世。《易》曰“穷则变，变则通”，故近今以来，未尝不翻然改图也。

英国赫先生德久居中土，感礼待之厚，爰搜集其国有益于民生国计之书十六种，属其国艾先生约瑟译而行之，以惠我中土人士，意至美也。著易堂[1]主人见而善之，惜其书之不多见也，翻印而广其传，是书盛行我中土，才智聪明之士必不惮殚厥精能以求造乎其极，庶几富强之术不让泰西独步，倘终安其日用行习之常，而以浑噩沕穆为足尚者，又岂今日诸君译刻是书之意也哉？

是为序，时光绪二十二年，岁次丙申[2]十一月，上元季直张元方序于沪上客邸。

[1] 著易堂，晚清民国时期上海印书局之一，曾经刊刻过“启蒙丛书十六种”。

[2] 光绪，清德宗爱新觉罗·载湉（1871—1908，1875—1908年在位）年号。光绪丙申年或光绪二十二年，即1896年。

序四

艾约瑟

名世者圣，称述者贤，所以启迪生民，嘉惠后学。事虽创，若仍旧言，历久而愈新。此大地有国，莫不皆然者也。至于代变时迁，一兴一革，来往今古，有异有同。倘弗溯其源，更孰悉其委，且欲得奇才于后日，惟务求善教于兹时。迩者中西敦睦，不限舟车商使互通，不分畛域，故得交相择购利生致治之书，咸译本国文字，藉便披研，盖亦借助他山之一道也。

余司译于总税务署经本署。总税务司赫君授以泰西新出学塾适用诸书，俾于公牍之下，译以华文，扺今五载，得脱稿告成十有六帙。而其中博考简收者一，曰《西学略述》；依诸原本者十五，曰《格致总学启蒙》，曰《地志启蒙》，曰《地理质学启蒙》，曰《地学启蒙》，曰《植物学启蒙》，曰《身理启蒙》，曰《动物学启蒙》，曰《化学启蒙》，曰《格致质学启蒙》，曰《天文启蒙》，曰《富国养民策》，曰《辨学启蒙》，曰《希腊志略》，曰《罗马志略》，曰《欧洲史略》。近将辑付剞劂，爰弁数言于《西学略述》一书之首，即指见月，举隅反三，是则有望于学者矣。

光绪乙酉[1]孟冬，总税务司译英人艾约瑟自识。

[1] 光绪乙酉，即1885年。

《辨学启蒙》序

艾约瑟

首创辨学[1]者，为希腊国阿利多低利[2]，中华战国时人也，广搜博考，极深研几，文学中格致[3]诸学术，莫不殚心探讨，为平服波斯国亚利散大王[4]之师傅。王率师东行，几至葱岭[5]西麓，所至处有新得奇物，必遣使齐缴阿氏以备著博物书，采取劝人议事之舌辨学，并是卷分别妥否之论，辨学俱始编于彼也。由伊时以迄于今，泰西诸国

[1] 辨学，即logic，今译“逻辑学”，严复译为“名学”，因其分析模式类似于春秋战国时期名家的思辨逻辑，故如是译之。

[2] 阿利多低利，即亚里士多德（Aristotle，前384—前322），古希腊人，师从柏拉图，世界古代史上伟大的哲学家、科学家和教育家之一，堪称希腊哲学的集大成者。

[3] 格致，即格物致知，语出《礼记·大学》之“物格而后知至，知至而后意诚，意诚而后心正，心正而后身修，身修而后家齐，家齐而后国治，国治而后天下平”。原意为探究事物本身所体现的道理，从中获得某种修身齐家治国理政的智慧。此处之意为探究挖掘自然界所具有的规律或对事物进行推理时，所运用的方法和逻辑。

[4] 亚利散大王，即亚历山大大帝（Alexander the Great，前356—前323），马其顿国王，公元前336年即位，亚历山大帝国的开创者，在位期间，统一希腊诸城邦，征服埃及，横扫中东，吞并波斯，远征印度。因他曾师从亚里士多德，故本书序中如是言之。

[5] 葱岭，即帕米尔高原，中国古代称葱岭，位于中国、阿富汗和塔吉克斯坦的交界处，平均海拔4500米以上，是亚洲东部、西部和南部诸多山脉的汇集处，主要包括喜马拉雅山脉、喀喇昆仑山脉、昆仑山脉、天山山脉、兴都库什山脉五大山脉，古代丝绸之路曾经过此地。

大书院学士均攻读，与前明万历[1]年间利玛窦[2]译成华文之《辨学遗牍》[3]，迥不侔[4]耳。是卷原文乃英伦敦书院原任教习哲分斯[5]所著于丙戌岁[6]，迪谨氏艾约瑟译为华文。

---

[1] 万历，明神宗朱翊钧（1563—1620，1572—1620年在位）年号。

[2] 利玛窦（1552—1610），耶稣会传教士，万历年间来华传教，曾向明神宗进献西洋自鸣钟、《圣经》和《坤舆万国全图》等，获准留居北京，对东西方文化交流贡献巨大。

[3] 《辨学遗牍》，该书由利玛窦译成，为利玛窦力排佛教，论证天主教合理性之书。

[4] 迥不侔，即十分不相同、不一样之意。

[5] 哲分斯，即William Stanley Jevons，又译“耶方斯”，今译“威廉·斯坦利·杰文斯”（1835—1882），英国经济学家和逻辑学家，本书作者。

[6] 丙戌岁，即光绪丙戌年，公元1886年。

目　录[1]

[1] 此处列出目录乃原书目录，与正文标题略有出入，读者可自查。

第一章 导引

一节

法国磨列耳[1]之戏本中云，有名茹当[2]之一人，经他人致告曰："尔发言出口尽文词[3]。"伊闻之甚骇异，缘己度

[1] 磨列耳，即莫里哀（Molière，1622—1673），法国喜剧作家、演员、戏剧活动家。

[2] 茹当，莫里哀喜剧作品*Le Bourgeois gentilhomme*（意译《虚荣绅士》）中的人物。该剧内容梗概为Jourdain（即文中之"茹当"）之父因从事布业致富，自己也因此步入"中产阶级"行列。然而，愚蠢可笑的Jourdain却另立新的人生目标，即超越中产阶级，跻身于贵族之伍。为此，他购买精美的新衣装扮自己，当裁缝的小男孩嘲笑地称他为"我的主"时，他非但不以为意，反而非常高兴。尽管年龄大，他还是热衷于学习击剑、舞蹈、音乐和哲学等所谓的绅士艺术。在这样做的过程中，他不断设法愚弄自己，他的哲学课程成为语言的基本课程，并用一些佶屈聱牙又十分乏味，且连自己都不明白的哲学词语去表达自己的思想，且对自己的哲学老师十分鄙夷。Jourdain的妻子则有自知之明，看到他自欺欺人，就敦促他回到以前的中产阶级生活，并摆脱这些令人捧腹且与实际身份不相符的举动。一个名叫Dorante的落魄贵族，尽管偷偷地鄙视Jourdain，但表面上却恭维他的贵族梦想。Jourdain梦想让自己的女儿Lucile嫁给高贵的贵族，但Lucile却爱上了中产阶级Cléonte，当然，Jourdain知道后，则极力反对这门亲事。然后Cléonte在他的男仆Covielle和Jourdain夫人的协助下，谎称自己是奥斯曼土耳其苏丹之子，伪装成为贵族，进而将自己呈现给Jourdain。Jourdain非常高兴自己能和皇室联姻，让自己的女儿立刻与皇子成婚。当"土耳其皇子"告诉他，作为新娘的父亲，他将在一个特别的仪式上被赐予爵位时，他更加高兴且忘乎所以，戏剧在这个荒谬的仪式中落下帷幕。

[3] 文词，该处指逻辑推理。

光阴四十载，日以文言为俗语，从不自觉，他人之聆其如是发言者，鲜不哑然笑也。世人之闻辨学书中语者，百人内几至九十九人如是骇异。有致告于彼者曰：“尔等由来发言时，有界语，有专重语，有申明语，有断定语，有三语句次第连成之论断语，有从旁设譬语，有同语、总语，有专语，并物分种类之诸等情形实多，而若辈俱不信也。”

有某甲问某乙曰：“尔明辨学否？”彼必答以不晓，最可惜者，有若许读书士子，从不读辨学书也。据实论之，人纵不知辨学，于语言之间，亦未离辨学载列之诸端理，于不会语言犹为孩童之先，即有辨别是非之心思智虑耳。

顾或者谓：“余等既不能不遵依辨学分辨事理矣，犹须习辨学书何哉？”则将答以同属辨别也，有误辨者，有不误辨者，虽人人皆知论辨，独惜有妄为辨论自将要理误解者，论及他事，亦莫不如是也。譬犹片长薄技之戏耍家，技艺固超群出众矣，而余等均微有与戏耍家相似之力，髫龄童子[1]，能升木者不乏，巷口栅栏，余等俱能攀援而登，讵非与戏耍家有相若处乎？然人欲己之手足便捷，身躯强健，能避刀棒害，大得增能力之善法，莫若请武行教师习学武艺也。

二节

辨学之才能，较武艺行之才能，尤属紧要，缘辨学能令余等从优分辨也。既能从优分辨，即能增知识；能增知识，即能培养才能，诚如英国大儒贝根所言：“有知识

[1] 髫龄，指幼年。髫龄童子，即儿童。

者，即为有能力者乎！”[1]论者谓：精武艺者善走，其胡能比马哉？精武艺者力大，其胡能比虎哉？且精武艺者善升木，其胡能较猿猴哉？惟有于知识中出之能力，可以驾马，可以打虎，并可以降服猿猴，不使其胜余。纵身中无多力，而具有分辨明晰之心思志虑，终能成就己所欲为之意，实因其能辨别事理，能预知事之归宿如何、将来能成与否，可先为筹划妥贴，虑有损伤差误，及早设防卫护，于看似不能作成之事，可想出善成全之奇妙策。不见有力极小之蝼蚁乎？设其聪明较人大，彼犹能翦灭人命，或以人为奴婢而供其役使也。

三节

所谓知识，有浅深不同。耳听目视之浅知识，人与牲畜无以异也；人复有深远知识，谓为格致知识者，实具有极大力耳。世恒有终身视、终身听，终不能于其所视所听之物，穷究得其切实性情者矣，岂其乏灵性乎？夫人之有灵性也，同于五官之有目，能真知灼见夫万事缘何而有，世事何时可变易，及如何变易，将来决有何等情形，并绝无何等情事。习熟辨学者，能详明查考使人有能力之灵性，诚为何物也。余等不尝辨论乎？有时辨论者极嘉，有时辨论者未尽美。辨学之谓，要即辨明辨论者善与不善之谓也。确能辨明何议论为善者，每使我明晓实事；何议论为不善者，每使人行入差谬途路至于无穷。

[1] 贝根，即弗兰西斯·培根（Francis Bacon，1561—1626），英国著名哲学家、思想家、作家。其原话为“Knowledge is power”，今译“知识就是力量”。

第二章　人之寻常论辨如何

四节

人于常时论议，见前事之初终始末，情形相继而起者为如何，以为后此复遇若等事，其始末情形继起者亦必相同矣。见有极亮闪电烁过，早知相继者有雷声传至，因前此见电光时，有雷声立传来也。设有人以圆如轮之果实递余手，余识其为橘，知食入腹无害，诚以前此既曾剖而食，今兹亦决可食之也。澳洲之拣黄金者亦属如是，有人由北美洲之加利分亚行来，见此澳洲之山色，与前此拣金之加利分亚山色，有数端形势同处；山色既有数端形势同，拣得金亦必同也。试寻觅之，则应其心之所想矣。[1]

五节

若是之论断，因其情形与前事同，推及相继续起者亦与前事相似，人亦时或自受欺罔。譬犹形似同之物，实

[1] 加利分亚，今译“加利福尼亚”（State of California），美国西部州，简称“加州”，加州淘金热兴起于17世纪末的西进运动，至18世纪80年代终结。另，文中所言澳洲淘金热兴起于19世纪中期。

无不同，自无碍矣，第亦有形神似而实不同者。如蕈类[1]分二种，地中所生供人食之蘑菇，亦有形相似而含毒者，一为于人有益者可食，一为于人有害者不可食。果实亦复如是也，此果与彼果，皮貌相若，未必即皆为可食之一种物，或有一为藏毒气于内者耳。

人偃卧，以毛毡覆身，可令身体和暖；嗣后，见人或以毛毡裹冰不令其化，则不免骇异，以为毛毡本体原和暖，胡为能使冰不化哉？究其所以能令人暖、令冰不化之故，即因毛毡无论由何面，从不使热透过也，视似相反，实非反耳。由是观之，毛毡之功效，既使身内之热，不透发于外，散于凉爽风气中，并不令四外风气中之热进入冰内。譬犹人见炉火不旺，即取铁通条插入煤火内，设将其留入火中，不复抽撤出，心中犹以为前此余用铁通条通火，实能使火旺起，此亦必有大利益。讵知其实未留神，铁通条之功用，止能令煤辟一洞，俾风气穿入，至留通条于煤中，实无所益耳。

六节

据实论之，物与物实相似时，所履历发现之情节，亦可相同，前因一式，后果亦一式，本无异，末亦无异，所难者即在确知其前因是否同也。人于常时语言，不能若此详细分辨，每不能推揣臆度出。宜纠察者，即何物与何

[1] 蕈类，蘑菇之一类，大部分无毒蕈类可食用，如灵芝、云芝、木蹄层孔菌、银耳和香菇等；部分含毒，如白毒伞（白帽菌）、毒伞（绿帽菌）、鳞柄白毒伞（毒鹅膏）等。

物，随处随时，继续见者相同也，亦惟云于余等能察看之处，方如是耳。惟于究察情形得准时，继续有何等情状，更于他形状继续出者，为其结局归宿之如何，可权为公理观。尝观夫炉火，时而甚旺，时而甚微，火之微旺情形既不同，要必有情不同之故在内。供火烧之煤柴炭，胡能自作主张微旺乎？设有二堆煤柴炭，摆架之式相同，火燃起时，亦应同式微旺。宜细察者，即何情节恒为助其火旺者也，如火生于大通风无潮湿处，附近无传去热之物即可。而凉铁通条插入，火亦须视其若何，倘插入不抽出，致热传去，反于火旺有损。盖通条插入煤火得当，能使风气多入，自于火有襄助而使火势盛也。

七节

所谓公理，即于各物视观无不同之理也。格致学中有多端公理，凡指定若许事物，无不然者皆是。《辨学》一书，能令余等知查出万物各等公理之法，既考得后，亦令知其公理若何施用。若余等集多物于一处，查得其各物所大同之公理，是即即物察理[1]之辨法也。余等之目视、耳听、口尝、手扪，藉物以告知身外事，余等即用辨学中适当之诸法，查究知其各等情形之本原，是即公理之谓也。适于余等理会得云、雨、雪、雹、雾、露，均属以水为质相若，且俱似由风气中得出者，试为设法考究，察得湿风气减热至凉爽地步，可凝为细水点也。云、雨、雪、雹、雾、露等，变化多方，均有一理节制。节制多物之理，即公理也。

[1] 即物察理，原文inductive reasoning，今译“归纳法”，本书或作“藉物察理”。

八节

凭理度物[1]之分辨，适与上言即物察理之辨法相反。余等持公理以推揣事物，事物经公理节制，因得其应有之各更变，知有是理，即知何事物有何变更，即所谓凭理度物也。譬犹知湿气于减热时生有水点之理，因以度知炎热时，取出置于冰中之酒瓶，其面必凝沾有若许露珠矣。格致诸家[2]，藉即事物察理之法，考察出各种物，俱有同于石之由上下坠就地势，缘此，余遂以即理推事物之法，辨得月必有向地坠落势矣。略为观视，辨论之难处，似尽在藉事物察理之诸事中，务先察知各端公理，方能习熟其理之用项也。然学者至此，可知余等不先明凭理推事物之理，绝不能明即事物察理之理耳。

九节

余等论及明透其无论为何公理一节，非先洞晓其继续呈显之诸等事不能也。至明何理为确实与否，务先察得其与天地间之万事万物符合与否，方能识其理真也。当夫前时，格致家已考察得准，凡各等有体质之物，均有由上坠下就地势；据理而论，伊等应揣得悬空之月，为有体质物，亦必有自上下来就地势也。伊等如是推揣，即可以法察识其实属如是否耳。后此书中，余欲讲明乎人即事物察理时，实不外乎凭理度物之一术，而下章中即言及凭理揣度事物之所以然矣。

---

[1] 凭理度物，原文deductive reasoning，今译“演绎法”。

[2] 格致诸家，艾约瑟翻译该书时，“格致家”一词比较泛用，在具体的语境中，大致相当于今日物理学家、生物学家、化学家、天文学家、地理学家、医学家等诸词之意，翻阅此书时，读者须在具体语境中，细心斟酌其意。

第三章　何为即理揣度事物之分辨

十节

试取简便揆度语一段，拆分之，视其为如何而成。余等见生于地面，有含白色紫色之蕈，因信其为蘑菇，并知其为可食者而拔取之矣。是时心中，有如是辨分之数语：

若谓：凡蘑菇皆可食；
又谓：此蕈为蘑菇；
更谓：是以知此蕈为可食之物。[1]

是即辨学中分辨言语之伦次规式也。

三语句[2]所申明者，有不同之三事，其一语句、二语句，乃申明所知；至第三语句，为由于推揣而知也。若然，是余等即所实知之事，推及他等所未知之事也，此即推揣逆料法之存乎心者耳。凡有推揣，即可无事于测验，而物之性情无不能知。譬犹余等食何物，必先尝试方知

[1] 此处推理，即今译之“三段论”。三段论有均属已知为事实的大、小二前提，且大前提包括小前提，即文中所举例子“若谓”“又谓”，进而推出结论，即文中例子“更谓”。

[2] 语句，原文proposition，今译“命题”。

其有毒与否，而人之服毒丧生者必不乏。惟恃有揣度法，不必以口尝试，第以目视鼻闻，即知其实为蘑菇与否，先见其实为蘑菇，因忆及素知蘑菇为可食之物，遂推揣知是蕈为可食者矣。是凭所确知者为本，因推及所未知之他事也。

十一节

兹时详细察视，论蘑菇蕈之辨论语，可判分为几端语句，观其大用，可谓为各申明其实事之三语句，或可谓完全语句。第一语句，所申明者，即“凡蘑菇皆可食”，与“凡蘑菇皆为可食之物”意同，而此一语句中，含者有三意：一为“蘑菇”，一为“食物”，一即“为”字。泰西辨学，每一语句，有二得耳马[1]、一哥布拉[2]，得耳马译即“界”，哥布拉译即“联络字”也。欲提论物时，即以其物之名言之，蘑菇为其语句之前半（即前界语），可食者为其语句之后半（即后界语）；复有联络成一语句之活字，可名之为联络活字；所余犹有“凡”字、“皆”字，即申明蘑菇可食者有若干；论及他物时，或止用数枚，或用三五枚，或用十之八九，与并一不用，若等多少不同之各字样，即为指明某物数目不同之记号也。

---

[1] 得耳马，原文term，本意为“词语”。本书中所说“二得耳马”，一为在句子中作主语，在逻辑学命题中被称为主项，即下文所言之“前界语”；二为在句子中作宾语，在逻辑学命题中被称为谓项，即下文所言之“后界语”。

[2] 哥布拉，原文copula，即系动词，在该书中被称为“联络字”或“联络活字”，今日在逻辑学中称为“联项”，在语法句式结构中与谓语或系动词相对应。

所余之二、三语句，几均为如是合成者。如第二语句，言“此蕈为蘑菇”，内有上下二个得耳马，可谓为上下二半句，上半句即“此蕈”，下半句即“蘑菇”；赖有一“为”字，为从中联络之活字。至第三语句，乃由一、二语句中推出者，其言“此蕈”，言“可食之物”，俱于一、二语句先言及，更用之以联络成语。由是观之，乃见每一半语用二次矣，如“此蕈”二字，用于第二语句中，亦用于第三语句中；“蘑菇”二字，用于第一、第二二语句中；复有“可食之物”四字，用于第一、第三二语句中。如是体察，乃知凡此类辨论语中，俱含有申明实事之语句三，并申明物名之界语三；每一语句，为二半句藉活字连合成者；凡余等将二半句以活字连合，即成一语句；将二、三语句合起，或数十语句合集一处，即谓之为辨论一篇耳。

十二节

设余等援引无论何界语，与无论何语句成语相贯串连合，大半为无着落之荒唐语，欲其为有用而能利人之成语，须慎审措词，务遵照辨学书所载之各款目方妥。恐初入学之蒙童[1]，不能精心明其法至尽透处也，应先学明何等语，可为语句中之界语，或为物名，或有他用，其半句共有若干品类；亦宜学明何为申明实事之语句，其语句共判为若干品类；嗣后，亦应熟悉如何由一、二语句中，

[1] 蒙童，即知识未开的儿童。

新推出三语句，即所谓三语句次第连成之论断语[1]也。如是观之，此等凭理度事物之辨法，内含者有三：一为申明物名之界语，一为申明实事之语句，其一即三语句次第连成之论断语，所谓界语与语句，二者乃余等辨论使用之器具。夫不云："工欲善其事，必先利其器[2]乎？"从可知余等先应讲论界语语句，后方讲论次第连合成之论断语也。

[1] 三语句次第连成之论断语，又作"次第连合成之三语句"，原文the syllogism，今译"三段论"，详论见第十章。

[2] 语出《论语·卫灵公》："子贡问为仁。子曰：'工欲善其事，必先利其器。居是邦也，事其大夫之贤者，友其士之仁者。'"

第四章　物名界语分类

十三节

所谓物名[1]，即前节言之上下界语也。上文业言界语为申明实事之语句，其中所提及各物之名，即以此物、彼物比附形容出，文学书所呼为实字样者是也。每一界语中，含有若许端实字样物名即是，并有助实字[2]之字亦在内。所谓助实字之字，如青、黄、赤、白、黑、大、小、长、短，各等助实物昭显形容之字是也。有时每界语中止一实字，如云“玉甚坚硬”一语句中，“玉”为实字，“坚硬”即助实字之字，形容玉之质性者；复有“甚”字，即昭显其坚硬至何分位[3]。黄金、白铜、青石，别种界语，金、铜、石为实字物名，黄、白、青助实字之字加于其上，可为一物名用也。而界语亦有为二实字连合成者，如云“英国君主为印度君后”，其上下二界语皆为实字合

[1] 物名，原文name of the things或noun，或作“物名语”，该书亦称之为“实字”，即名词。

[2] 助实字，原文adjective，即形容词。

[3] 分位，即程度。

成；如云“英国博物院大书库[1]为天下存书最多之书库”，此一十八字语句中有二界语：一界语为“英国博物院大书库”，“书库”为二实字，“英国博物院”亦为五字合成之实字语，“大”字为助实字之字；一界语为“天下存书最多之书库”，“天”为一实字，“下”为助实字之字，亦以实字观，“存”字为活字样[2]，“书”为一实字，“多”为助实字之字，“最”字为形容“多”字至若干分位字也，“之”字为指点之语助辞，在此为过脉字[3]，“天下存书最多”六字权为实字观，“之”字即将二排实字联属起，缩落于“书”字上住足。若然，是语句之每界语内，可包括不据若干实字，并助实字之字与活字，以及令实字有住足界限之各种虚字。设心所摹拟者，止一物，或一类物，或总物，措词虽用若许活字、虚字，联络为一语句中之一界语，仍可以一名观，缘所指者仅为一物故也。其供界语用之物名，析分品类不乏，试为论解于左[4]。

十四节

有时语句中之一界语，专指一人，或专指一物，如云

[1] 英国博物院大书库，即英国国家图书馆（The Library of the British Museum），或译不列颠图书馆、大英图书馆。

[2] 活字样，原文verb，即动词。

[3] 过脉字，原文conjunction，即连词。

[4] 因古籍书竖版排列，故如是称之。左，即为下（文）；右为上（文）。下文同，不赘述。

唐明皇[1]、景教碑[2]、泰山。唐明皇为单指一人，即唐玄宗；景教碑即指在西安府[3]之一碑，非指他碑；泰山即指山东泰安府[4]之一名山。若此之语，因独指者止一物，可名之为专语[5]。

十五节

人于吐词书字之间，所用为物名之语，大半不为专语，乃为同语[6]，要非一物之名目，为若许物之名目也。如云洋钱，不能专指一枚，可以数千万计，不似景教碑、泰山，专为一物之名目矣。如云“洋钱为银中兑合少许红铜成者”，乃即数百万洋钱而言，非专指一枚而言也。如马之一名，虽多至数百万，举可呼之曰马，若等名目，即为同名。若云官马，亦属千万同名，言官马时，为与家养私马有别，亦非专指一马，官马恒盈数万也。盖呼同名时，或指二三者，或指不可胜数之多而言

[1] 唐明皇，即唐玄宗李隆基（685—762，712—756年在位），在位前期，勤政爱民，开创开元盛世，唐朝统治臻至顶峰，后期腐败，终致安史之乱爆发，唐朝也走向衰落。

[2] 景教，即基督教聂斯脱利派，唐朝时曾传入中国，在京都长安建有“十字寺”，信奉者多为少数民族群体。唐武宗会昌（841—846年）年间灭佛时，景教亦遭厄运，至此断绝。景教碑，存于今西安碑林，通名为“大秦景教流行中国碑”，《景教流行中国碑颂》由景净于唐德宗建中二年（781年）撰，吕秀岩（吕洞宾）书并题额，内容主旨为唐太宗降旨允诺景教传教的记载和景教在中国流行情况的描述，及对基督教教义的阐释；碑高279厘米，宽99厘米；明天启三年（1623年）出土，为国宝级文物。

[3] 西安府，即今陕西省西安市。

[4] 泰安府，即今山东省泰安市。

[5] 专语，或作“专名”，原文the singular terms，即专有名词。

[6] 同语，或作“同名”，原文the general terms，即普通名词。

耳。譬犹云暹罗[1]国王，暹罗则有同为王者二人，是言即不为专语而为同语也；诸国所立议政院，亦属同名，统上下二议政院于内；又如砂粒，亦为同名，其数不在万万之下，无论何处砂之细点，俱可呼为砂粒；他如质点，更可奉为包括益多之同名矣，盖天地万物，皆为大小质点积聚而凝成者耳。

十六节

不惟是也，即专名物如景教碑，亦为若许质点所合成，其全物之名，实为碑内各质点之名也。亚细亚全洲[2]，为若许平原地与江河湖潴[3]并诸山所合成，总呼为亚细亚。而若等景教碑、亚细亚洲，只为一完全物而已。无论名为景教碑，或名为亚细亚洲，若者皆为专物之专名，非为与他物同名也。是以专名，亦为多物之名，试问以何一物不包括多端名物连于一处哉？如言太平洋群岛，含盖有无数海岛于内。太平洋群岛，非指一处而言，乃散居大洋无数海岛之浑论语也。太平洋群岛，为其总名，亦为其专名。若止言岛，或止言群岛，则为同名，缘他处有岛，亦有群岛也。至若书库，为多般书籍聚于一处之总名[4]。而军营则为若许兵丁集于一处之总名矣。

[1] 暹罗，即今泰国。
[2] 亚细亚全洲，即亚洲全称。
[3] 潴，指水积聚之地。
[4] 总名，原文the collective terms，即集合名词。

十七节

同名，为多般物同用之一名，上文业经言及，其内诸物，亦各以此同名为名也。如海岛一名，乃天下各海洋中，现出陆地，数千万岛屿之通称也。若然，是海岛可目为同名；太平洋群岛，乃其一带之总名也，因其所指为一方大洋之诸岛，亦可目之为专名。如英国博物院中大书库，集天下各国书籍。书库之名，非专指一种书名，乃为全库中万种书之总名也，亦可目之为专名。而天下各国，俱有大小不等之书库，是书库即存多种书籍之总名耳。亦因书库，乃各国各地公私者俱有，故可将书库名，权为同名观。由是而知一界语内，既可为总名，兼可为专名，或亦可为同名矣。惟余等宜谨慎，不可误视夫总名为同名也。

十八节

界语一节，犹有不易分辨明白之处，有质体之物名，设为余等所可提挟，兼可迁徙者，其物殆为自有在处者矣。如一枚洋钱、一块写字石板、一所砖房，若此界语，可称之为有体质之实字[1]，凡属不止一枚、不第一块、不仅一所之诸般物，大率俱括于内也。假使为若许枚洋钱、若许所砖房，或若许行星、若许恒星，与有体质物中之若许积点，若此等类，尽为有体质实物之界语。

反而即昭显实物形势之诸言词，不自为实物名，乃

[1] 有体质之实字，原文the concrete terms，即具体名词。

为贴附实物加以形容之界语[1]，如言洋钱之厚薄、石板之黑白、砖房之大小、山岭之高下，如欲将厚薄、黑白、大小、高下等字与洋钱、石板、砖房、山岭等实物离分开，实属不易也。殆洋钱与洋钱犹可分，洋钱与洋钱之厚薄不能分耳。譬云，属洋钱之诸情事，有轻重大小，为定质物，有何形何色，置于火中能镕化，能以椎锤[2]破开，复有他等何能力用处，均属于实物昭显其情形也。此等语，为描画实物外现各情状之言词，人于语言之间，恒将描写之闲文当为实文观。如于轻重、大小、高下若等字之上，加以若干几何之量度字样，则不无小异矣。第不能不将若等活字，作为实字用，以便出语也。大抵实物之名，可谓为有体质实物之界语，各等摹拟描写实物之字样，可谓为贴附实物加以形容之界语也。

十九节

斯时欲辨明诸界语反正二面[3]之不同处，凡余等呼物名时，实缘物现有何情节，即以何名名之也。如房本庇身之屋名，特别之曰瓦房，即因覆屋顶者为瓦；葺墙用砖，呼之为瓦房、砖房均可耳；呼曰白粉，以亦其色为白，始若是呼称，是均即正面言之也。试更言夫反面之词

[1] 形容之界语，原文the abstract terms，即抽象名词。

[2] 锤，敲击物或用锤敲击。

[3] 反正二面，原文the positive and negative terms，该处即指肯定性词汇与否定性词汇或近义词与反义词，如文中之“是”“非”，“有”“无”，“明”“暗”等词；或对称性名词，如文中之“文”“诗”之例；在一命题中，则为“肯定命题”和“否定命题”。

论，如余等于物，云其无此情节、无彼情形等语。设有事极难成就，余等语言间，每谓其为不易行、不能行之事；闻背理之言，即谓其为不合规式语，遇难计程途之路，谓为无穷之远，皮面不坦平，浊水未过淋。举凡用“无”字、“未”字、“不”字之若等语言，如无礼、无义、不忠、不孝、未知、未能，尽属与正面相反者也。见有此等“不”“未”“无”“非”“莫”之字义，既能分析出耳。譬云其物成色不好，或言无形无像、无名无利、无辱无荣，不属金石类，不适于用，不良于行，未之能行，俱属反面语等类也。更如云能以锤击打为极薄面之金类，反言之，即不能以锤击打为薄面之金类。因其言过赘，即从俗呼之为“脆”，脆字原属正面，时亦权藉反用。言脆物，与言不能以锤击打为薄面物意同也。透光物，相反之面，即不透光物，或谓为暗物，均可随意道之也。假与真相对，干与湿相对，糙与滑相对，推而致乎余等以笔立文言时，亦可谓文为诗之对也。

二十节

倘某国之文字语言，为完整无所偏倚者，有一物名，即应复有一物名与之敌，有一实字，即应复有一实字与之匹，以及活字、虚字，俱两两相对，毫无错乱。第世俗行文，每以黑对白、以清对浊、高以下对、文以质匹、朴素对以绚彩、美善对以丑恶，以及各种物，俱有强对绝对。纸则对以布，墨则对以朱，皆为从旁面对也。据理而言，完整无偏倚之方言中，纸应对以非纸，有充非纸之现成字样；墨应对以非墨，有充非墨之现成字样。惟若等适以相反之字样，用者极少，故多置而不讲耳；如用时，而字样未现成，只于上加一非字足矣。外国字典开列之字，尽常时用者，不常用者从不开列。如英国信奉耶稣教[1]者，有国会教[2]，复有民会教[3]。倘于某奉耶稣教之人，呼之为奉国会教者，或呼之为奉民会教者，而奉民会教者，即为奉国会教者之对。譬云民会教诸支派中之长老会奉教者，欲索其确对不能得，不得已，即迁就而对以非长老会奉教者矣。

如中国之呼为出家人者，有僧人，有道士，道士适堪为僧人相反之对，僧人亦适堪为道士相反之对。苟非然者，倘言内止有僧人，即须牵强以非僧人，或非出家人为之对矣。

有时一正面字，可有二旁面字[4]与之相对，亦或可有三字、四字或多字。如云居四民[5]首之士字，农工商三字，俱可取以与之相对。譬犹云晴天，以浓云、暴雨均可与之对；日字、月字可为其对，夜字亦可为其对。推究其故，实缘其正字义有相兼不同处，故旁面对字义，亦可有相兼不同处也。

---

[1] 耶稣教，今称“基督新教”，为基督宗教主要支派，产生于16世纪宗教改革，主要分支有路德宗、加尔文宗和英国国教。

[2] 国会教，即英国国教中高教会派（High Church），产生于17世纪末期，主张在教义、礼仪和规章上大量保持天主教的传统，要求维持教会较高的权威地位，因而得名。

[3] 民会教，即英国国教中低教会派（Low Church），产生于18世纪早期，反对过高强调教会的权威地位，且其主张接近新教，故称。下文所言长老会即其一支派。

[4] 旁面字，指与原名词相对的近义词或反义词，犹上文所言之反正二面字。

[5] 四民，即士农工商，是中国古代对平民职业的简单划分，四民之外，尚有大量的贱民。《春秋穀梁传·成公元年》中言：“古者有四民：有士民，有商民，有农民，有工民”；《荀子·王制篇》也有对“农士工商”进行排列。

二十一节

有时援以对正面字之反面字，证明之意，有于断章而取之意全无者，或亦有尚遗漏其意中之数分者，俱缘人于此中，不加细心，恒有误视处耳。如“小”字，原非适与“大”字相反对也，因居中有若许“不大不小”之别，“大”字正相反之对字即“不大”，“不大”中复含有“小”与“中等”耳；更言夫与“小”字适反对之字，所谓“不小”即是，“不小”之中含有“大”字，兼含有“不大不小”之各种分别。若然，则凡冷热、明暗、轻重，相对等字，非实为适相反对字矣。“冷”之为言，胡能指定为毫无热意哉？“暗”字胡能指定为毫无明意哉？人之所呼为暗者，大抵即明分无多意；人之所呼为冷者，大抵即热气无多意也。据格致家所论，欲得毫无热气之若等冷，亦绝无之事；盖为冷为热，均为道其热度分位至多寡若干之语。余等平时语言，譬犹呼其物为热，非谓与无热相反对之有热也，不过谓其较热于寻常之热，相反对之面，即不较热于寻常热耳，含于内者，有寻常之热，并有较寻热冷之物。于此有人焉，设谓是物不热，度其为是言之意，未必谓其物即冷也，缘物适在不冷不热时，亦可呼为不热耳。

第五章　界语之扩大意并精密意

二十二节

凡属实字而为有体质实物之界语，余等心中欲清白摹拟出其真神情，非有二端不同之意在胸次不可也：一为物名等界语所指之诸物，一即属乎是物，使物得是界语为名者之各种性情各种形势也。余见漂浮洋面，有体大而形状奇怪，有桅杆篷帆铁制成之一物，以其既可驶行水面，兼能装载货物、乘坐客人，其用处明显逞露，余即呼其名为船。盖余等无论于河海何处，遇他等与之形势相若，用处相同者，举可谓之为船也。设有问以缘何呼为船者，则将答以凡游行水面，能运载货物、客人之极大物，皆可呼为船。凡余等呼某物为船者，即以其有船之式，行于水面，并有运载货物之用处也；倘无是形势，无装载货之用处，即不能呼为船矣。于是还而论之，既呼之为船，即为于物之同名内，含有数千万只。天下各国驾驶之战船、商船，更有为大为小各他式者，要均具有船之形状，可为其所确指者矣。

据实而论，乡谈[1]所用无论何同名之语言中，均有双

[1] 乡谈，通“向谈”，即“上文所言”。

意含于内：一为物名所确指之无论何物，如按名所呼之各船即是；一为藉物名晓明物中所有之各等形势、各等用处。诸生试揣，二意非不相同乎？辨学家云："凡物名等界语，推及扩大意，惟在其所言之物数多寡。物名等界语约及精密意，即在其所言物之形势用处多寡也。"

二十三节

凡余等取同异参半之物名语互较时，必知其二物名，有扩大、精密之分位不同矣。物名如为船，以船与火船对较，船数必明显较火船数多，以火船数中须删除帆船也。从可知船字上加一火字，船数目自减去若干，物名语扩大分位自减去若许矣。惟余等言火船时，于船驶行水面之诸船情形外，复含盖用水气鼓荡行动之意于内，如是，即于精密之意有加矣。假使于火船上复加暗轮二字，余等如是处置：因遗弃明轮火船不提论，是以有减少扩大分位事；明轮火船，近今制造者极寡，是以于扩大中删减者无多，而于精密之意增加者不少也。实缘余等详知暗轮火船机关，如何使船行动，业将其诸般情节，尽归入物名语中耳。设更加以战争之意，呼为暗轮战船者，船数必益以少矣，物名语精密面更觉多，扩大面益觉少，以其仅指国家战争御侮用之暗轮火船而言也；惟于精密意有增，缘其形势用处，向一处鸠集[1]耳。设更以英国二字加于暗轮船上，所含之意尤狭隘，且益精密矣。譬其船为铁甲者，则

[1] 鸠集，即聚集、搜集。

又杀去一等。余等如是收约[1]，减其数至数十只铁甲船。设加有放行于海等字样，意即言有未放海、修补于船厂之数只，更为减祛，知其数为极少矣。始也仅言夫船，尚可盈满数万，由渐等而杀之至铁甲船，则不过数十只矣。譬更云放行于海之战船，驻扎于某海处，复可精密而减少扩大事；倘其处兼有统领水师之提督[2]军门[3]，由扩大减至极处，而言及战船一只亦可也。至是而复欲由多数向少数处精密不能矣。如余等曾亲见其船之内外形势，且俱存于心，耳中闻及其船名时，船内外之一应事物，俱含于其物名中，而与心相印矣。

[1] 收约，即缩小、减小范围。

[2] 水师提督，清代武职官名，从一品，全称为“提督军务总兵官”，负责统辖一省水路官兵，为清朝绿营军最高主管，与此相应有陆路提督。清代共有水师提督3名、陆路提督12名，所辖区域有数万至数十万平方公里不等。

[3] 军门，原为军营外大门，清代为对提督的尊称。语出《三国志·孙破虏讨逆传》：“便牵咨于军门斩之，郡中震栗，无求不获。”

第六章　正用语言式

二十四节

人于发言议论时，应无所错讹，所宜谨慎者，即发言出话时，务遵规式也。余等语言出之意，惟在是心所默揣之物而已。设余等言者为“马”，人之闻余等言者，心亦细思所言之“马”；余等书者为“马”字，人之见余等“马”字者，心亦体会其所指之“马”。余等每于精心揣度时，适有申明物之现成语忽入我心，且欲将余心所揣者，并余之辨论意，通知他人，非以语言不可。人孰能扪舌而不发言语哉？第辨学中所最要者，恐一言中，有二三意浑含于内，发言者之意，为聆言所误会而有差谬耳。为辨学塾师者，应将此等处，详为指点教导，预为思患而防之也。

二十五节

试为取譬“教”字，有儒教，有释教，有道教，并有人自谓是大教中人；外复有称为奉教之天主教或耶稣教，并有回教，兼有白莲教[1]，倘不知分辨明白，浑而呼之曰教，胡能判其为何等教哉？泰西人所奉之教，有罗马教，有希腊教，有耶稣教。意、法、奥诸国，奉罗马教国也。希腊、俄罗斯诸国，奉希腊教[2]国也。英、德、美诸国，则奉耶稣教国也。凡言某国奉某教时，大抵即指其通国人民遵依某道而行言之。析为言之，奉教之人，俱以为已奉之教得真正，视他人所奉异己之教者为有误。设欲知某人用教字属何意，应先知讲解教言之人为何教中人也。教字之意，时或即信奉之道言，如儒释道三教即是；时或指奉教之人言，如中西和约条款中有云“民教相安”[3]，

[1] 白莲教，唐、宋以来流传于民间的一种秘密结社的宗教，源于佛教净土宗。相传净土宗始祖、东晋僧人释慧远和刘遗民等在庐山东林寺共结白莲社念佛，后世信徒遂奉为楷模，因以之为名。北宋时，净土念佛结社盛行，多称白莲社或莲社。南宋绍兴年间（1131—1162年），吴郡昆山（今江苏昆山）僧人茅子元（法名慈照）在流行的净土结社的基础上创建新教门，称白莲宗，白莲教正式诞生。早期的白莲教崇奉阿弥陀佛，提倡念佛持戒，规定信徒不杀生、不偷盗、不邪淫、不妄语、不饮酒；号召信徒敬奉祖先，是一种半僧半俗的秘密团体。由于其教义简单，经卷比较通俗易懂，为下层人民所接受，遂逐渐成为鼓动民间反抗政府力量的工具。元明两朝，白莲教即多次组织农民起义；至清初，进一步发展为反清秘密组织，因此遭清政府血腥镇压，但在嘉庆元年（1796年），白莲教徒在湖北、河南等地起义，历时九年，到1804年才被镇压下去。由于此次起义主要集中在湖北和四川，故又被称为“川楚教乱”或“川楚白莲教”起义，是中国历史上规模最大的白莲教徒起义。清政府为平定此次起义，耗银超过两亿两，并调动十六省数十万军队，五易统帅，八旗兵、绿营兵虚弱不堪，疲于奔命，清政府鼓励地方团练才将起义镇压下去。此次起义直接导致清廷中衰。

[2] 罗马教，今日通称罗马天主教、天主教或罗马公教；“奥”即指奥匈帝国，1867年匈牙利和奥地利合并，成为奥匈帝国，第一次世界大战后解体，今日继承其领土的国家即上述二国；希腊教，今日通称希腊正教，或东正教。

[3] 民教相安，1844年中法《黄埔条约》第二十二款规定法国人可以在通商口岸建立教堂、医院，1858年中法、中英《天津条约》均规定传教士可入中国内地传教，中国民众自由信教，政府不得干涉或限制等条款，是即所谓“中西和约条款中有云‘民教相安’”。

“教”字即言奉教之人，“民”即言不奉教之人也。教字本意，原不如是，此等言语间之变更，人宜慎防其误耳。

二十六节

奉教之人既在教字内，语言之间即有时不免淆混。英国国会[1]中，有监督官[2]，有教师[3]，并有理各等事之他职分人；缘伊等之闻望昭著，治理教会，代教会宣谕，故于平素黎民言论，每视伊等宣言人为教会矣。据理而言，会堂中聚集礼拜之众人，与任监督等职或教师者，同一在教会中也，伊等亦能选举数人，治理教会堂中重修、岁修[4]各事务，聚议而操柄权。盖教会二字，统括监督教师，以及会堂礼拜之众庶于内耳。更细酌夫聚集礼拜之人中，其真奉教者为何人，何以即分辨清楚。要之，来入会堂门者，不能尽作奉教者观也。即若等数端事言之，彼教规矩，惟尽守各种教规者，堪为奉教之人。即他数端事言之，受洗礼[5]，复于成

[1] 国会，原文为congregation，艾约瑟译为“国会”，并冠以“英国”二字，疑为误译，根据原文的意思，该词指的是进行宗教活动的场所，下文亦有“会堂”二字，故当译为“会堂”或“教会”（《圣经·旧约》中称犹太人集会进行宗教活动之地为congregation，和合本《圣经》即译为“会堂”）。

[2] 监督官，即bishops，今译“主教”。

[3] 教师，即clergy，今译“教士、僧侣或神职人员”。

[4] 岁修，指每年有计划地对建筑进行维修和养护。

[5] 洗礼，基督教重要入教仪式。行礼时主礼者口诵规定的礼文，把水滴在受洗人的额上，或将受洗人身体浸在水里，表示赦免入教者的“原罪”和“本罪”，并赋予“恩宠”和“印号”，使其成为教徒。在《圣经·新约》中，施洗约翰在约旦河中进行施洗，作为一种悔改的记号，耶稣自己亦因此受过约翰的洗礼，此即为洗礼的《圣经》依据。对基督徒来说，洗礼的必要性来自复活的基督对门徒的命令，即要门徒以圣父、圣子、圣灵的名给信徒施洗（见《马太福音》第二十八章第十七节至第二十节）。

童时受坚固礼[1]，未尝出教者，堪为奉教人。数等人之外，复有不守记忆耶稣受难礼[2]，未领洗礼之人也，以其恒守礼拜，尝捐助会堂中经费，自以为已在教会中，亦有多人谓其已奉教，而教字之意遂移矣。倘国会中人，第以己之教会为教会，他教会即非教会，恐有语病，犹有威斯礼会[3]、浸礼会[4]、天主西教东教[5]，并他等名色各教会，伊等教会中人，于堪为奉教人，不堪为奉教人之中，极形费力分辨，殆亦如是设想耳。若然，则此等教会语言，乃极烦杂矣，

［1］坚固礼，亦称“坚信礼”或“坚振礼”，天主教和东正教“圣事”的一种。入教者在领受过洗礼一定阶段后，再接受主教所行按手礼和敷油礼，谓可使“圣灵”降于其身，以坚定信仰，振奋人灵，故名。据《使徒行传》载，使徒彼得、约翰和保罗都曾为领过洗礼的信徒行按手礼，使他们得到“圣灵”，此为坚振礼的起源。在东正教，儿童同时接受洗礼、坚振礼和第一次圣餐；新教中有些宗派也有此礼，但不认为系基督亲自设立，故不称之为圣事。

［2］耶稣受难礼，即耶稣受难节时举行的“耶稣受难瞻礼”，是基督教纪念“耶稣受难”的节日。据《圣经·新约》载，耶稣于复活前第三天被钉于十字架而死，教会因此称该日在犹太教安息日的前一日，并规定于复活节前的星期五守此节。天主教、东正教和新教在该日都举行特别的礼拜仪式；有些宗派则在这一天联合举行礼拜，以示团结合一。

［3］威斯礼会，今译“卫斯理会”（Wesley），又称“循道宗”（Methodism），新教派别之一，创立人为约翰·卫斯理（John Wesley，1703—1791），故名。其神学的特色为坚持《圣经》的信仰权威、传统的权威、理性的权威和经验的权威，分别从信仰、历史、个人的认知与经验四个方面寻求信仰的真谛，并追求大公的精神与圣洁的生活。该支派关注贫苦劳工和底层人员，卫斯理本人也坚持露天布道，直面底层民众，对推动社会救济和慈善事业的发展起了重要作用，今日世界各地均有该派信徒。

［4］浸礼会，即Baptists，又称“浸信会”，是17世纪从英国清教徒独立派中分离出来的一个主要宗派，因其施洗方式为全身浸入水中而得名。此宗派的特点是反对婴儿受洗，坚持成年人始能接受浸礼；实行公理制教会制度。浸礼会的信仰深受加尔文主义的影响，坚持信徒可以和上帝直接沟通，坚持信仰自由的原则和政教分离的原则，不承认洗礼等礼仪的神圣性，认为它只是和上帝沟通的媒介。该宗的国际组织为浸礼宗世界联盟（The Baptist World Alliance），建立于1905年，有106个教会团体参加，成员遍及各大洲。

［5］天主西教东教，原文只有Catholic Church，即罗马天主教，艾约瑟翻译似有误，或艾欲包含东正教而言之。

恐其字样或有误，应多为加意也。教会之教字，中国用之处甚广，敷五教[1]此教，教军场[2]此教，求教、设教莫非此教，兼有教授[3]、教谕[4]、教习庶吉士[5]，诸多文官员名，辨学家所谨慎者，即语言中之各意，且藉以警人免得生差谬也。

二十七节

聆人言对谈之际，将其语言之意，分辨清楚，十之

[1] 五教，最早来自《尚书·舜典》："汝作司徒，敬敷五教。"指父义、母慈、兄友、弟恭、子孝。《孟子·尽心上》又谓："君子之所以教者五：有如时雨化之者，有成德者，有达财者，有答问者，有私淑艾者。此五者，君子之所以教也。"亦可解释当时在中国存在的几种宗教，即儒教、佛教、道教、天主教和基督新教，甚或可以包括伊斯兰教。

[2] 教军场，又称"校军场""校场"或"教场"，是校阅军队的地方，军队调遣、检阅均在这里进行。清代，全国绝大多数驻军的城市中都有教军场，用于军队的日常训练、检阅等。

[3] 教授，含义有三：1. 学官名。宋代除宗学、律学、医学、武学等置教授传授学业外，各路的州、县学均置教授，掌管学校课试等事，位居提督学事司之下。元代诸路散府及中州学校和明清的府学亦置教授。宋高承《事物纪原·抚字长民·教授》："宋朝神宗元丰（1078—1085年）中，兴太学三舍，以经术养天下之才，又于诸大郡府，始各置教授一人，掌教导诸生。"2. 对私塾先生的尊称。《京本通俗小说·西山一窟鬼》："吴教授看那入来的人，不是别人，却是十年前搬去的邻舍王婆。"3. 教学与传授。文中即第一义。

[4] 教谕，含义有二：1. 学官名，宋代在京师设立的小学和武学中始置教谕。元、明、清三朝，县学亦置教谕，掌文庙祭祀，教育所属生员。2. 教导。唐张九龄《论教皇太子状》："若亲近细人，不闻教谕，纵欲行善，犹未知所适。"文中即第一义。

[5] 教习庶吉士。教习，学官名，明代选进士入翰林院学习，称庶吉士，训课庶吉士者曰教习。自明宣德五年（1430年）始，命学士充任；万历后（1573年以后），专以礼、吏二部侍郎掌教习；清代沿用此制，翰林院设庶常馆，由满、汉大臣各一人任教习，选侍讲、侍读以下官任小教习；清末兴办学堂，其教师也沿称为教习。

八九，即不惧有误会意处矣，以其声音入耳而心即通也。惟喜道戏言者，每用一字二三意之字，或以自然音同字异之言，令人听闻，如云李八百[1]，原古昔仙人姓名也，误会意者谓言李果八百枚；行礼已毕，原言所行之礼已完也，误会意者，谓言出门之行李已齐毕矣；止言最大，误听者以为罪大；止云河上，误听者以为和尚；更有双关之语，如京都外七十二联营[2]，原属邻村七十二，俱以营名也，创听者以为七十二营兵，连环驻于京外矣。

二十八节

人于平时恒道之言，由渐变更正用之字意，余等用字时，每藉与正用意紧贴附之第一旁意用。如“案”字，木[3]意原属几案也，缘于公堂陈设，继乃变而为词讼案件。宋之包拯[4]，国朝施仕纶，俗间相传，谓其能决断奇怪巨案，实乃无稽之谈也。世并有犯案、定案、完案、到案，去本意远之若等语矣。珍馐肴馔陈于桌面，每谓席

[1] 李八百，是中国民间传说中的蜀中八仙之一，属于道教神仙。关于他的传说很多，因其在世上活了八百岁或日行八百里而得名。见东晋葛洪著《神仙集》，该书中收录了中国古代传说中92位仙人的事迹。

[2] 京都外七十二联营，指位于今北京市大兴区以采育（蕃育署）为中心，沿凤河自西北向东南依次排列，以营命名的一系列村庄，七十二是虚指，形容多之故。

[3] 木，疑有误，当为“本”字。

[4] 包拯（999－1062），字希仁，庐州合肥（今安徽合肥肥东）人，北宋名臣。天圣五年（1027年），进士及第；历任三司户部判官，京东、陕西、河北路转运使，开封府尹等职；嘉祐七年（1062年）逝世，追赠礼部尚书，谥号“孝肃”；断案如神乃后世多有附会故。

设何处，或云为喜筵，俱古昔肆筵设席[1]之意，至今时虽未见铺陈有席，仍藉用也。其他由渐变移之事，可类而推之。

二十九节

凡属一言可于二三意用，且令人聆而易误会意之语，呼之为含混活动语[2]。世人所用言语，大半尽为活动含混者，苟欲寻毫无含混意之言语，诚非易易耳。余等于发言，并书录字样，或观视书籍，或心有思索，务时常加意，以冀免语言含混之弊。第无论何等人，举不能全然脱却发误言，入于淆混含糊也。详本书后半二十五、六、七三章。

三十节

欲断定物名意，虽有若许极紧要者，恒不能辨认清楚。即如房之一字，所含意即不乏，尚古[3]之时，房即棚之意，缘人住居于有顶棚者处也；且房之名至不一矣，曰

[1] 筵席，古人席地而坐，“筵”和“席”都是铺在地上的坐具。见《周礼·春宫·司几筵》谓“铺陈曰筵，籍之曰席”，意即铺在地上的叫作“筵”，铺在“筵”上的叫作“席”，故“筵席”初指坐具。《诗经》说“肆筵设席”，使“筵席”具有了酒馔之意。成书于战国、秦汉时期的《礼记》中记述：“铺筵席，陈尊祖，列豆。”这时，筵席进一步含有进行隆重正规的宴饮的意思，后遂沿用，专指酒席。

[2] 含混活动语，原文ambiguous，意即模棱两可的，易混淆的，即语义或词义含混。

[3] 尚古，即上古，指文字记载出现以前的历史时期，但世界各地的定义不尽相同。在中国，上古时代一般指夏以前的时代，在两河流域和埃及一般指公元前5000年以前的历史时期。

厨房、曰仓房、曰正房、曰厢房，曰数十间房、曰百十座房、曰一条脊房、曰四合头房，曰官房、曰营房、曰柜房、曰值班房，时或因理事人在彼处住宿，即呼之曰理事房。各府州县衙门，有吏房、户房、礼房、兵房、刑房、工房[1]，何房应管之事，即归何房经管，平时语言，亦即云某房之事。如英国议国事之议政院，英国语言意即议政房，无论上下何议政院，即呼之为上议政房、下议政房[2]。然此中亦有二意含混于内，谓议政下房停议，即言内之六百七十余人停议也，无论议政集而议事者为数十人，或数百人，要均以议政下房呼之也。

三十一节

此诸端意外，第即人住居房言之，亦有含混语病。夫房有大小之别也，纵止一楹[3]有一家人居住，亦不能谓为非房。据理而言，居独间房之家长，即可谓为住房主也。譬有一所大房于此，分与数家贫人住，每家用房一间，或

［1］明清时期省、府、县诸级地方官制仿效中央吏、户、礼、兵、刑、工六部，建立吏、户、礼、兵、刑、工六房，职能与中央六部大致相同：吏房掌管所属吏员的升迁调补、下委任状、职务考勤等事宜。户房主管民政、财政、赋税、田土、灾荒赈济等事宜。礼房主要掌管教育、学校、县试、礼仪、祭祀、文化、节庆等事宜。兵房旧时主要是掌管征集兵丁、马匹，训练丁壮，考武，向上输送兵员，以及驿站、铺兵、剿匪、城防等事宜。刑房主要是协助政府受理案件、破案侦缉、验尸填报、堂事笔录、拟写案牍、管理刑狱等。工房主要掌管工程营造，兴修水利，修筑衙署、城池、仓库、桥梁、祠庙，铸造银两、枪械等事宜。

［2］上议政房，下议政房，即英国国会的上院和下院。

［3］楹，本指堂屋前部的柱子，后成为计量房屋的单位，一说一列为一楹，一说一间为一楹。明陈继儒《大司马节寰袁公家庙记》：“敞而为门，竦而为堂，抱而为阁，翼而为两庑两厢，凡三十余楹。”

二间，即房言之，犹是一所也，而居者分若许家，前此一家人居住时，呼为一所房。今兹若许家居住，仍呼为一所房，语言间即不免含混活动矣。以贫穷人仅居一楹者甚多也，设使数楹房分为数家住，一家住居一间，缘何不能呼之为数所房哉？盖房室之为言，不在房有若干间，有大门与否。诚如是之追究讲解，则言论房时，终不免有不易解处矣，然亦事之出于无可如何也。

第七章　物如何分类并缘何分类

三十二节

物名语，大率不专指一物，乃为诸多物之同名，上章十五节业经言及。所摘取提论者，为若许物中之无论何物名耳。譬犹“人”字，有死人、活人之分，总计天下万国人，多至数万万；此一“人”字，殆即数万万人中之一物名语也。然业经酌定为同语同名，今兹可谓同语同名为物品类之名。惟应谨慎者，即细审品类中有何意也。

凡余等所以将各种物同归一类，大抵因见其物有相似处，因之引伸触类，以物与物之相似者，默揣对勘，量度而归同者也。物之白色者，有乳奶，有白粉，有雪，有纸，复有海水激荡而起之沫，并珍珠、石灰、不灰木[1]等；如是各物，他处均不同，惟同为白色。此白色物，与彼白色物，人以其俱在白中，即将其归于白色品内。然此相同者止在色，他端物亦可有数端相同处也。

同一品类者，如笔，有苘麻者，有狼毫、貂毫、羊毫者；西国笔，有铅者、铁者、金银铜者，复有玻璃笔、芦苇笔、鹅翎管笔。其形色大不相同，所有不异者，即均能蘸少许水墨，轻重敷布于纸面也。

[1] 不灰木，又称“无灰木”，即石棉，主要成分为水化硅酸镁。

三十三节

将各物简易分列于品类，不劳持筹[1]，既能推揣各物所有若干相同之意，为于诸生大有利用之事也，即各事均相似之诸物言之，此物中有何情形，彼相似物中亦有何情形。凡余等从正分辨品物，使归其所实属之类时，余等详察出其相似之情形何若，并至何分位，记忆所得知之一应事故，必使之归于极简便之式样中。余等知识增加至其极，无庸勉强记忆不相连贯之无数情节也，只晓明数目无多，在诸物中无不同之数端理而已。余等现取最简略之一事言之，将白色各物，归入同一品类，以其光同发白也，如白麻布、白雪、白银、白瓷器数种物，他事均不同，余等心亦未揣得其于他事同，惟色白大略相似。譬犹有人行于雪地，经日光晒下，即觉难堪，缘由雪面照出之光，射入目使目疼痛也，可揣其人若行于白粉铺地，或白尘土、白布铺之地面上，并或为黄色布铺地晒为白之处，目中必依然疼痛难堪矣。更有进者，经营造作者，如欲物回照多光，宜恒用白色物。设室中过暗，须以白物铺地，壁面或涂白粉，或糊白纸，或以白色油漆，或以洁白石灰，举可增室中亮光也。是以今兹有人筑室，于窗牖[2]相对之壁间，纯用白色之砖，或白灰。复有一美处，天气极热之国

[1] 持筹，即手持算筹，多指经商或理财。唐韩愈《和侯协律咏笋》：“讵可持筹算，谁能以理言。”

[2] 牖，古院落由外而内的次序是门、庭、堂、室。进门后是庭，庭后是堂，堂后是室。室门叫“户”，室和堂之间有窗子叫“牖”，室的北面之窗子称“向”；另，上古时代“窗”专指开在屋顶上的天窗，开在墙壁上的窗称为“牖”。

中，白色物可将日晒之极烈热，减少若许，人于夏令[1]多著白衣，即此意也；亦有时刷白色于屋顶覆瓦面，不令日光之热多进屋顶传入室中。若此之各等动作情节，俱因白色物皆能返照回光，亦属必然不可易之同理也。

三十四节

讲论植物学、动物学诸家，极用心处，即在分动植物类欲分至极美分位。实缘动物、植物多至不可胜数，不依次第排列，不易记忆于心，欲分辨清楚实难。如谷类中之大麦、小麦、油麦等，以及喂养牲畜之青草，有极明显之形迹，最易辨别清楚其为同一类，无论于植物学问所知有限之何等人，见有一种植物，均可视透其为谷类否耶！而人食之物，与牲畜食之物，大率为谷类，谷类中之含毒物者，由来无人究察出一种。游历之人，行至无居民处，于无物可食时，食谷类之种子，亦知无妨。则且还而论之，凡属西人所分为萝贝利亚科[2]（近似钟形科，而别有所异）之物，大半均为有毒

[1] 夏令，含义有二：1. 夏天的节令、气候。《礼记·月令》："孟春行夏令，则雨水不时，草木蚤落，国时有恐。"宋陆游《初夏绝句》："纷纷红紫已成尘，布谷声中夏令新。"2. 泛指夏季。明张居正《贺灵雨应祈表一》："兹者，我皇上以夏令既深，雨泽未足，乃躬叩于雷坛，为民虔祷。"此处即夏天之意。

[2] 萝贝利亚科，Lobeliaceae，即半边莲科，为双子叶植物，一年生或多年生草本、亚灌木或灌木，少为乔木或棕榈状，有乳汁，多有剧毒；全世界约有25属1000余种。

而不堪食者；薯蓣科[1]中，花与果实，有毒气之种类不乏，不应令其入口，恐有何种著名之毒物在内也。习熟植物学之诸家，见是二科之果实等，即避忌不食；医士疗疾，纵有时用，亦倍加谨慎耳。分类之有益于人益明矣。

三十五节

至活动物之诸类，并化学中所用之各物类，理亦相同。如言人类，乃具有四肢百体，外复有相同之各情节。考医理之人，究心于人身各体，记录于书者，数甚多也。凡各种骨节、筋条、脑气筋、津核、汗核、五脏六腑，伊等均知其形状，并部位实在处。所有此人身与他人身不相同之事，亦至不乏耳，辨学家遂呼之为偶异处[2]。如某何人体中一处筋，或一脏腑，较他人者或大或小等类即是。然据众人均有是体观之，可谓为从同常体[3]，而即一人独异之体观之，则谓为独异偶体矣。而化学家辨论之各物中，有可清白辨明之若干事，譬犹遇一无何色而有边棱透

[1] 薯蓣科，Dioscoreaceae，属被子植物门单子叶植物纲百合目（统），在植物分类中是一个小科，主要形状特征为缠绕草质或木质藤本，少数为矮小草本；地下部分为根状茎或块茎，形状多样，无毒；全世界共有9属650种，广布于全球热带、亚热带和暖温带地区，尤以美洲热带地区种类最多，间断分布于世界各地。但该处原文为Solanaceae，即茄科，该科为管状花目下的一科植物，约有80属3000种，广布于热带及温带地区，主产美洲热带；茄科多为重要的食用蔬菜、经济植物和观赏植物，有些则是农田杂草；野生茄科植物则多有毒，该处为艾约瑟误译。

[2] 偶异处，原文accidents，即特殊情况，或特殊性，犹下文所谓“独异偶体”。

[3] 同常体，即普通情况，或普遍性。

光之物，彼以测验法测试后，设断定其为灰炭、强盐[1]成者，其胸中既早有成算，深知取无论何种强水加其上，其物将呈显何形势情景，或投之火中焚烧，必见有何更变也。推原其故，以其于灰炭、强盐之各性情，及一切应有之变动，俱知有素耳。如是之各物，欲考其部位而归当归处时，宜以从同常体为本，不以独异偶体为本也。

三十六节

分诸物品类，宜最谨慎者，即不惑于乍视相似之若等情形也。缘物之视近似，而实远离者亦有耳，即如鲸鱼、江猪[2]、海龙[3]等，游泳于水中与鱼无异也，而要不能归于鱼类。人于语言时，未尝加以细心，始将其与鱼类同归；观其体式，更与犬马等畜相近，不同鱼之潜于水中，以水腮呼吸，无劳上而出首水面，若等物必不时上浮而出水面呼吸，绝不宜使之归鱼类也。且蝙蝠并不能归飞禽类，人所呼为蝙蝠者，羽翼非实如飞禽之若等翎毛也，揣其神形，大似于鼠，应将其归于鼠类。前此植物学家，查考植物，大者归树类，小者归草类，中等者归小树类；中国

[1] 灰炭，含义有二：1. 火后余烬，草木灰。《后汉书·天文志上》："秦燔《诗》《书》，以愚百姓，六经典籍，残为灰炭。"南朝梁江淹《遂古篇》："汉凿昆明，灰炭全兮。"2. 比喻尘灰。《三国志·魏志·王肃传》："亦历注经传，颇传于世。"裴松之注曰："至黄初元年之后，新主乃复，始扫除太学之灰炭，补旧石碑之缺坏。"强盐，因化学中无强盐之称，故疑为下文所言"强水"。强水，又称"镪水"，化学中为硫酸、硝酸或盐酸，该处即言草木灰与镪水的化学反应。

[2] 江猪，即江豚，仅在中国长江有分布，为鼠海豚科。

[3] 海龙，也称杨枝鱼、管口鱼，是一种硬骨鱼，属海龙科。

谈植物者，亦分为木本、草本[1]。惟至兹时之格致家，俱不如是分类矣。木本之大树，与体小之草子相似而同归一类者亦有。既雨之后，地面生之草，人视之与大小麦原非一式，格致家每将其同罗入谷科。凡属竹与甘蔗，并黍稷稻粱，均为谷科也。人见有竹刻成之老寿星、八仙庆寿等像，遂疑其为木本乎，其实亦与五谷同为草类耳。

三十七节

世人判别多物类时，不惟将其彼此相似者分归同类，外复将各大类分为诸小类，视其各物于何端相似之情节更多，即特指定为独一小类也。体质透白之物，可分为定质、流质二品，白色物既[2]可如是分为定质类、流质类[3]，余等即得二小类矣。第亦应别立名目，以发明类分科、科分种也，统若许小类之大类定名为科，以大类为宗之若许小类定名为种，类名如是特定，便于发明若许小类含在大类中也。如所呼之定质白物，即白色物中之小类名，以房为科，人居之房，乃为科中之一种；由己之意，并可将种复分为小种类，而种变为科观矣。如砖住房，不过为住房科中之一种也，且分为新盖者、旧日者、大局势者、小间料者、古样式者、合时样者，如是分种，几将分至无穷之多矣。

---

[1] 木本，即木本植物，是指根和茎因增粗生长形成大量的木质部，而细胞壁也多数木质化的坚固的植物，植物体木质部发达，茎坚硬，多年生，分为落叶木本和常绿木本。草本，即草本植物，指茎内的木质部不发达，含木质化细胞少，支持力弱的植物；其体形一般矮小，寿命较短，茎干软弱，多数在生长季节终结时地上部分或整株植物体死亡；根据其完成整个生活史的年限长短，分为一年生、二年生和多年生草本植物。

[2] 既，原定如此，疑为错讹，当为“即”。

[3] 定质类，原文solid，即固体类；流质类，原文fluid，即液体类。

三十八节

由大类析分为诸小类，以何法为嘉，有时极难断定。人所用以分辨之法，大抵即于其大类中，凭此时此事，心中所可推想出者，视其有若干分别，即分析为若干小类。如船有篷船、火船、划船之名；驼物之牲畜，有马、牛、驴、骡、骆驼、象之分；书之中分为经史子集[1]，复分为格致、地理、诗与小说各等小品类。第如是辨分，即辨学观之，未免有走入差误途路处耳。

三十九节

由大类分为小类，首难者，每因此物类，与彼物类，如不谨慎析分，恐有互相侵占地步处[2]也。即如将居中国之人，率尔分而为男、妇、孩童、乞丐、瞽者、聋者、外国人数类，如是则有诸多差误矣。乞丐之中不过为男者、女者，并孩童之男女者，一人不应归二小类，或数小类也；外国人中，亦只为男、妇、孩童，瞽者、聋者中，亦只有男、妇、孩童耳，且外国人中，不亦有瞽者、聋者、乞丐乎？原不宜侵占地步也。更言及书类，既繁且多，分辨不易，归是类中者，据理而论，难防其不归于分列之他

[1] 经史子集，即中国古籍按内容区分的四大部类。经，经书，指儒家经典著作；史，史书，即正史；子，先秦百家著作；集，文集，即诗词汇编。经史子集泛指我国古代典籍。语出《新唐书·艺文志一》：“两都各聚书四部，以甲乙丙丁为次，列经史子集四库。”

[2] 互相侵占地步处，原文overlap each other，即相互重合。

类。譬犹《史记》中之《天官书》[1]，理宜列于天文类，自司马迁创首，而与原不属史书之食货[2]，并礼乐[3]、地理等，同载于史书内矣。佛教之书中，有唐玄奘之西域记要[4]，亦应归入行人见闻纪录[5]书内，纵有多人煞费心力，分门别类而作书目，亦不能免却差误，后时[6]观其书者，将因之多费考察苦累也。

---

[1]《天官书》，为《史记》中一篇文章，主要讲述中国古代对天体星系的认识和划分，是中国古代记录最为详细的一篇天文学文章。

[2]食货，含义有二：1. 古代用以称国家财政经济。语出《尚书·洪范》："八政：一曰食，二曰货。"孙星衍疏："《汉书·食货志》云：'《洪范》八政，一曰食，二曰货。食谓农殖嘉谷可食之物；货谓布帛可衣，及金刀龟贝所以分财布利通有无者也。'二者，生民之本。" 2. 粮食等食物和钱财、货物。中国纪传体史书中专述经济史的记录即被称为《食货志》，《史记·平准书》开食货记载先河，班固《汉书》始称《食货志》，以后各史食货志篇章渐多，如《宋史》《明史》食货记载有二十余种子目。历代《食货志》分别记述了田制、户口、赋役、漕运、仓库、钱法、盐法、杂税、矿冶、市籴、会计（国家预算）等制度，为研究中国古代经济史的重要史料。

[3]礼乐，始自夏商，至周朝初期周公"制礼作乐"形成独有文化体系，后经孔子和孟子承前启后，聚合前人的精髓创建以礼乐仁义为核心的儒学文化系统，从而得以传承发展至今，是中国古代文明的重要组成部分，因此，中华民族即被称为"礼仪之邦"。司马迁《史记》记载礼乐内容部分即在《礼》《乐》两文中，东汉班固《汉书》将记载礼乐的专门篇目始称为《礼乐志》，后代史家遂相继沿习之。

[4]唐玄奘（602—664），唐代著名高僧，法相宗创始人，洛州缑氏（今河南洛阳偃师）人，俗家姓名"陈祎"，法名"玄奘"，曾游历西域及印度，取回、翻译佛经多部。归国后，其旅行经历由自己写成《大唐西域记》，记述了他西游亲身经历的110个国家及传闻的28个国家的山川、地邑、物产、习俗等，正文所言西域记要即指此书。

[5]纪录，或作"记录"。

[6]时，疑为错讹字，当为"世"。

四十节

复有一难处，持筹分目类时，诸小类不足将大类统括罄尽，终有数端不得恰合适当之区。如上节所载，驼物牲畜五种[1]外，复有西藏之长毛野牛，并南美洲所呼为拉马[2]之一种，以及天下各处所用以载运物之牛，亦未尝包括也。更言夫船不第有火船、篷船、划船，亦有不用火之小轮船，转移其船内枢机处之机关，船身即行动；兼有以纆[3]纤系船桅杆，以人力或马力挽拽使行者；更有济人渡船，以绳缆牢系中流水底，向船左右移易，藉水溜[4]力，船自横行而渡至左岸右岸；况复有潮水涨落，船随之高上低下，不易为足用小类，而不遗数种者也。

四十一节

设欲脱免上节言之难处，辨学家有极适宜之一法，于每一大类，只分为二小类，使一类有某情形，其一类无某情形而已。即以房室而言，分为砖造者一类，非砖造者一类，乃确有准的，孰能批驳其所分有何过不及之弊哉？倘不能详明其人住之室为何等式，有一极的确者，此次所申明人住之

[1] 五种，疑为谬误，据三十八节，当为六种。

[2] 拉马，Llamas，即美洲驼，也称为无峰驼、骆马、羊驼，泛指原产美洲大陆，尤其是南美洲的几种骆驼科动物。其中文译名比较混乱，在中文中每一种都可能被称作“美洲驼”，但通常情况下“美洲驼”一词指大羊驼。与骆驼不同，羊驼类没有驼峰，体细长，腿和颈均长，尾短，头小，耳大而尖；群居，以禾草和其他植物为食；被激恼时喷吐唾沫；可种间杂交并产生能育的后代。

[3] 纆，绳索。

[4] 溜，疑为讹字，当为“流”。

室，非属于砖筑成者，即属于非砖筑成者也。如余等不依此辨学法，则顺冒昧之见，立将大类分而为诸多小类，住居之房舍，判为砖、石、土、木、铁等，将流露有多端弊窦矣。

或者谓：筑室用是五种材料外，犹有甚适用之料物也。澳洲土人[1]筑室，用出树胶之树皮；逼近北极住之埃斯基摩族人[2]，居于雪培之室内；并有住居帐房与草房者，或亦可有用他等材料筑之室。诚有人欲脱却此等室碍处，惟于材料之每类，逐次立二小类而已，试将筑室用之材料，依次第列于下：

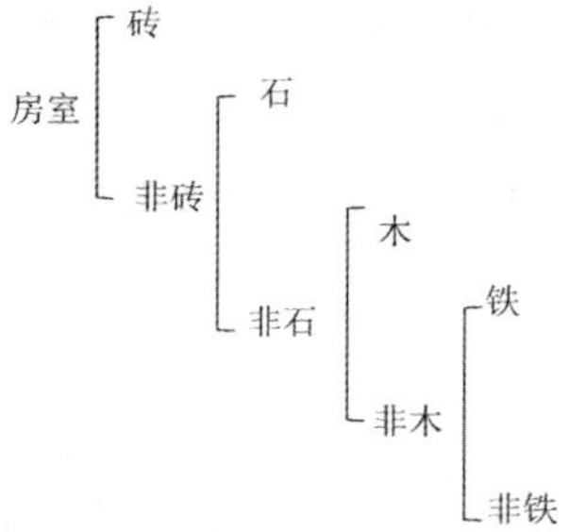

如右列之各种材料，无论筑室时用何一种，可均有提取之处所，非在上列之某材料名物内，即在下列之非某材料名物内也。倘筑某室不于砖、石、木、铁处有所提取，必于非砖、非石、非木、非铁处有所提取也。

[1] 澳洲土人，即澳洲土著人，4万多年前，土著居民定居澳大利亚大陆，为澳大利亚最早居民，他们与世界上的其他地方完全隔绝，以打猎和采集为生，属游牧民族，没有固定的居住点，分散在整个澳大利亚。

[2] 埃斯基摩族人，Eskimo，今译“因纽特人”，分布在从西伯利亚、阿拉斯加到格陵兰的北极圈内外，分别居住在格陵兰、美国、加拿大和俄罗斯。古时以打猎和捕鱼为生，今日已有很大变化。

四十二节

设将物更分为定质、非定质二类，凡各他等形状之物，俱可或归于定质物类，或归于非定质物类，且一物总不能归二类中也。倘有人云：定质物中有数等分别，即如豆腐、鱼冻、凉粉等，可谓其为半属定质，二类俱不归者。诚告诸生：半属定质物，即不归定质类者，可归非定质类也，势不获已，或别立一浓凝类[1]亦可。复有他等物，亦如是新分品类，如上四十一节开列式无异矣，试列于下：

- 质体
  - 定质
  - 非定质
    - 浓凝
    - 非浓凝
      - 流质
      - 非流质
        - 气质
        - 非气质

观此等式样时，务宜明晓乎流质物，既非浓凝，兼非定质；复有气质物[2]，既非流质，兼非浓凝，更非定质。辨学家如是分别处置，不能寻出一端弊病，果能确知夫何为定质，何为浓凝质，何为流质、气质，无论何一物，决有准着落矣，要亦专在一处也。设有如高助哥[3]，并水胶等

[1] 浓凝类，原文viscid，意即黏质、半流体。

[2] 气质物，原文gas，即气体。

[3] 高助哥，原文india-robber，即橡胶。

不合于定质、浓凝质、流质、气质者，于非定质、非浓凝质、非流质、非气质之间，早为之预备准着落之处所矣。

诸物如是分类，自他人视之，以为过赘不便，而切实观之，辨学独有之分法即此也。他等由科分种之法，视其正与不正，与此法同者为正，与此法异者为不正耳，初视不甚明显，详查即知。

四十三节

人住居之砖房，为人所住居房科中之一种，斯时可细为酌量，余等拔取其列为种，乃如何处置也。砖筑成之住房，无一切他材料筑造之住房多，因将木石砖并他等材料筑成之住房，尽删除之故耳。若然，是种无科之扩大意多矣，见二十二节。即房室数目而论，种不及科之数多，缘各等材料筑成之住房，实多于砖筑之房数也。惟即房室之形状详细处论之，种形势之意，较科形势之意微多，不惟知其房为人住者，外复知其人住之房为以砖筑成者。欲证明是意，可以谓种较科精密意多矣，精密之意即言于此，种内各物所属情形亦臻于详细数也。

四十四节

凡科之可分为或一，或二，或三，或数种者，可呼之为种异处[1]，如上节所云，人住居之砖房，不同于人住居之他等房即是。余等可谓人住之房中，增一砖筑者之形

[1] 种异处，原文the difference，即在不同种之间所进行的区分。

势，便足申明此种踪迹情景，上所言之，一切情形，即科中各节，并本种异，亦可谓为此种类之定明语[1]也。设有人问何为定明语，则将如是答之，于某何类之各等情节中，慎选适足为本类之明界畔者，作为从简有定之语，即谓之为定明语。能令余等知类内所含者为何诸物，所不含者为何诸物，余等所议论诸物之品类各语，出以明白清楚在科类，中显分为异为同，于辨学中为极要之事，兼为最难之事。所言“砖住房”之定明语，有“砖”字，有“住房”二字，“砖”即种中独异语[2]，加于“住房”定明语之上，由是言而前进无已，谓“房为人住者”，乃增于“房”定明语之上矣。

四十五节

某物之定明语中，不可以为其所属之一切情形，尽宜申明于内也。设所表白之某情形，仅属某类中之此数种，不属物类中之他数种，此情形即不应申明在某类之定明语内。砖，有红者，有白者，有蓝者，以人住之砖房作定明语时，不能将红色亦列入内；红，只为某何种之偶异处而已，至独异之偶然情节，或属一类，或不属一类，为无定者。复中有同常之若许情形，虽属于类中各种，亦不归入定明语内，譬云：“砖葺之人住房为多年不坏者。”定明语中，亦不载此。“凡属蘑菇都可食。”“凡属谷类者均不含毒。”定明语中亦未尝援引此等备列之也。

---

[1] 定明语，原文the definition，词意为定义、清晰度，此处即指对事物进行准确定义，并以之作为和其他事物进行区分的根据。

[2] 独异语，即事物之间的不同处。

四十六节

至此部位，乃知从详分类，从详立定明语之要矣。诸生能如是办理，始能推敲得属乎物同常之各情节，均为易知者；且余等于世间所遇诸物之一切情形，并非毫无次第杂陈搀和一处者，其各种情节中，有以他情节为根据者，或属乎他等情节层层相生者。即如《几何原本》[1]所讲之三角形，立定明语时，谓其为三边直线形，其科即谓为直线诸边形；其为种之独异处，即三边形，是即所以与四边、五边等形显分为不同者也；外复有三角形中恒寓存之若许情节，其三角合起，恰与二直角相等（如每角权为六十度，三角即一百八十度，与二九十度相等）；设由三角形各边居中点，画一与本边成二直角之线，其三线必聚首于一点[2]；更由三角形之三尖角处，画三道平分其角之线，此等三线，亦必聚集于一点[3]。诸生如观《几何原本》等书，即知三角形别有若许恒存之同常情节矣。如欲作平圆线[4]之定明语，内中所申明者，即平圆边线之各点，俱适距其平圆中心相等，定明语殆诚如是也。惟平圆线存寓之他等同常情节，亦至不乏，无论何卷书中，举未将其始末开载完全也。

---

[1] 《几何原本》，古希腊欧几里得著。本书以形式逻辑的方法，用定义和公理来研究各种几何图形的性质，从而建立了一套从公理、定义出发，论证命题进而得到定理的几何学方法，并以此形成了几何学。全书共15卷。1582年，传教士利玛窦将之带到中国。1607年，利玛窦和徐光启合译了前6卷；1857年，李善兰和传教士伟烈亚力合译了后9卷。

[2] 即在三角形三边分别作中垂线，三条中垂线必相交于一点，所得相交之点即为三角形外接圆的圆心，亦称外心。

[3] 即在三角形三角分别作内三角平分线，内三条角平分线必相交于一点，所得相交之点即为三角形内切圆的圆心，亦称内心。

[4] 平圆线，即平面圆形。

第八章　论语句

四十七节

至于兹时，已将辨学中所论物名等界语，如何正用，如何分类，如何或为物名，或为申明物之形势，讲论足矣。辨学第二大段，即论语句也。上文十一节云：凡平常语句中，有二界语，并有联络成句之活字，凡谓人或有理或无理时，总不外乎谓二界语有相同处，或有互相关系处，或谓某物有某情形也。如余止言“天气”，不增加他语，意即有不足处，何等人均不知余言者为何意，他人俱不回答，既不能谓余是，兼不能谓余非；如余云“天气诚热”，他人即可酌量余之言，与彼身边所觉者同焉否耶，斯时可细审何为语句矣。

设谓：“钱为金质铸成者。”此处上半句中，有一体质物之同名界语；下半句中，亦有一体质物之同名界语。语句之意，即申明钱均属金质铸成者。余等道此语之时，所心写摹拟者，大半为“钱”，“钱”可谓语句中之专重语[1]。欲知语句中何界语为专重者，十中八九居前者

[1] 专重语，原文the subject of the proposition，即主语，在命题中称为“主项”，本书十二节所言之前界语即是。

即是；后方继用联络之活字，再继以申明专重语之形势声气，即其本物之申明语[1]也。是所开载之语句中，有专重之本语，有用以联络之活字，申明物形势之语。

四十八节

语句之意，复有一法可解明之。世间之钱固极多，而金质成之物仍属较钱尤多。余等谓钱为金质造者时，所申明者，即钱皆在金质造者内。假使将世间金质造成之物，尽集于一处，成为巨堆，由巨堆中将钱尽数取出，不使遗一枚，倘有未在此堆中之诸种钱，绝非金质造者矣，缘金质造成之诸物，业尽归一堆也。若然，余等得知此类语句所申明者即专重语，为申明形势语内所含诸物中之或一物名，或一类物名。如云："果实为树所生者。"此句中专重语即"果实"，"树所生者"乃申明形势语，而树要复生有枝节、叶、皮也。

四十九节

专重语为语句之上半句，相继有联络活字，并申明形势之语，举属依此次第合成，上节业道及矣。惟于书字发言间，时或次序紊乱，外国文字，恒有颠倒句法，每将专重字样置于后，如《新约》书中"劝人和睦者，福矣"，

[1] 申明语，或作"申明形势语"，原文the predicate of the proposition，意即判定或表述命题者，在逻辑命题中被称为"谓项"，即对命题的述谓，本书十一节所言之后界语即是。

颠倒语即云“福哉，劝人和睦之人也！”[1]中国“四书”[2]中，“大哉问”“善哉问”“富哉言乎”等语，所专重者“问”也、“言”也；而将嘉许之字样，“大哉”“善哉”“富哉”各等形势加其上，遇此等颠倒句法时，相度其字样，或玩味其语句之意，以决何者为专重语，何者为申明形势语。视方引之语中，有“福哉”“大哉”“善哉”“富哉”等字，即知其言非心所思议之物，乃为申明形势者耳；并有时联络活字不甚明显，而完全神气第归于申明语内。如云：“月满。”“月”为物名语也，“满”即申明形势语，无庸复加联络活字，因联络之活字，隐归并于形势内也。有时止用一字，亦可将语句中之二三停顿转折俱包藏于内，如人问以“尔爱此物与否？”而答者止答一字，曰“爱”；人问以“写字与否？”止答一字，曰“写”。罗马有一名将，于胜敌后报捷奏章，止用三语，谓：“威尼！威第！威西！”乃拉丁语意，即谓“来矣！见矣！胜矣！”[3]是一言中有三完全语句在内也，亦可析分为三句。考论方言学者，明言“威尼”等字中，有不显亮之“我”字在内，并有申明语句意在内也。而中国文字答曰“爱”、答曰“写”，不言“我”字，“我”字意乃明显于言外，即此可见华文简于西国文矣。

---

[1] 语出《圣经·新约·马太福音》第五章九节，原文为Blessed are the peacemakers, for they will be called children of God。原文为倒装句，突出强调“Blessed”，今和合本《圣经》译为“使人和睦的有福了，因为他们必称为神的儿子”。第九十三节再度举例且论述更为详细，故详细注解见该节。

[2] 四书，即指《大学》《中庸》《论语》《孟子》，该命名始于宋朝。

[3] 此处原文为When Caesar said "Vein, Vida, Vici", I came, I saw, I conquered。由此可看，此处名将为罗马独裁官恺撒，因其曾任罗马共和国军事统帅，故称。

五十节

语句可显分为数类，上文所言，乃尽属正者也，复有他等相反者[1]。如“月不满”句，即与“月满”句相反，此“月不满”句所申明者，即形势中无所专重，或专重月不在所申明之“满”形势中也。如言“钱不为引火之物”时，心所思者有二端，一为钱，一为引火之物，当思及钱时也，乃胸有定意，确知其不在煤、气、木、油、柴、纸等物中；设一室为若许种引火物归入，不引火物不使入者，知其决无一枚钱在内参杂；更为诸多钱纳于一室囤积，非钱不纳者，决知其一引火物亦不杂入。此等反面语，所申明者，专重语与申明语，尽在二处，专重语内，无一物在申明形势诸物中，申明形势诸物，亦无一物在专重语中。一切非、无、不等字，可用于此类语句中。

五十一节

如上所言，似惟有一正一反之二类语句矣。至于此时，余应谓语句别有分法，与是法大不相同也，即如起首用设、倘、若诸字，若等虚拟语句[2]，申明专重物如何如何时，在所设某何局度内，方能特为决断有何情形也。譬云：“设水滚沸，必汤[3]人手。”是即设、倘、若诸字之

[1] 正、反，即肯定命题和否定命题。

[2] 虚拟语句（又译称“虚拟字样语句”），原文hypothetical propositions，今译“假言命题”或“条件命题”，即陈述某一事物情况是另一件事物情况的条件的命题。

[3] 汤，今作“烫”，下文同。

语句也，不言水俱在汤人手之诸物内，止言水沸滚时汤人手。试为更立一语："倘火药经水湿，遇火不能轰着。"是即设倘若之反面语句，所申明者，火药湿时，不属于火轰着之物类内。视语句中，有设、倘、若之诸般字样，即知为此类语句也。大抵用设、倘、若诸字之语句，与不用设、倘、若诸字之语句，可揣其分别无多。余等并可谓为"滚沸水汤手""水湿火药不火着"耳，而设、倘、若诸字均无用，若等语句，即明归于平常语句类矣。

五十二节

有分歧口头之语句[1]，即第三类也，所谓用"或"字居句首者即是。如云"闪电，或属彰显宽片，或属闪烁曲弯""寺院或为敕建[2]者，或为民修者""几何算学中所论之角，或为锐，或为直，或为钝者"，若此之诸语句中，申明之形势非属一端，亦不明言专重物为属于何一形势者，其他姑无论，而角形不尽为直，既非直角，则或为锐角，或为钝角矣。用何等申明形势字样，须临时斟酌，此等分歧之双"或"字排语句，极关紧要，而较他类语句益不易明，故宜俟讲解乎三语句次第合成之论断语后，方讲解分歧之"或"字语句也。

---

[1] 分歧口头之语句（又译称"分歧口头语句"或"分歧口头句"），原文为Propositions...are called disjunctive and contain the little conjunction，今译"选言命题"或"析取命题"，意即反映事物的若干种情况或性质至少有一种存在的命题。

[2] 敕建，同"敕造"，即由皇帝下令修建。敕，即帝王的诏书、命令，是帝王制度的专属词语。《红楼梦》第三回："正门上有匾，匾上大书'敕造宁国府'五个大字。"

五十三节

上文已论及语句有正有反，外复有语句不同者，亦在乎其所包括之数，或至若干分，或完全分也。语句之分数，为完全意，为数分意，俱关乎专重语，即形势语所申明者言之，为全分或数分耳。譬犹云："上天同云，尽为水点合成者。"是即申明散布高天之云，均统括于水点所成之诸物内也；而水点所合成之他等物，亦至不乏，如雾、露、雪、水气，并激跃飞扬之水花皆是。余可以谓此语句内申明之下半语，即上天无论何云言之，而包括至尽头处也，是以若等语句，谓为包括至尽头处之语句矣。

五十四节

设余言："有数人为聋哑。"此语句之专重语，"数人"是也，即不为包括至尽头处之专重语，乃为包括未至尽头处之专重语矣，要非言数人外之人为聋哑也。凡形势半句所申明仅在专重物之数分者，若等语句为数有尽之语句也。如言"有数英国人能道中国语""有数英国人迁徙至外邦""有数部书特为备查阅著者""狂风未作之先，大半有风雨表之水银下落数分为兆头"，是皆未至尽头处语句之正者也。包括未至尽头处之语句，亦有反者，如"井水有苦不可饮者"即是。包括未至尽头处之反语句有反有正，而包括至尽头处之语句亦一反一正，是语句有四类[1]矣，后此继续论其四类语句所有之异同。

五十五节

凡余等于界语所包括之一切物，欲申明其如何时，依辨学式而言，即谓某物名语，或某申明语，包括至于尽头处，所用发明是意之字样，俱皆全均尽等即是也。如言：“钱皆为金品铸成者。”此一语句中，“钱”即物名语，“皆”字之意，乃发明其所包括已至尽头处也，缘无论何等式之钱，俱为金银铜铸成者。至此语句中之形势半句，包括者有限，绝未尝言凡金品铸之诸物尽为钱也，仅言钱在金品所铸之诸物中耳；外此金品所铸之物，不为钱者乃极多。所宜谨记不忘者，即此等包含无不尽之正面语句，将专重上半语包括至尽头处；而申明形势之下半语，则所包有尽数矣。

---

[1] 语句之四类，即艾约瑟所译之：一、包括至尽头处之（正面）语句，又译称“数无尽之（正）语句”，原文universal affirmative proposition，今译“全称肯定命题”，基本表达为“所有的S是P”；二、包括未至尽头处之（正面）语句，又译称“数有尽之（正）语句”，原文particular affirmative proposition，今译“特称肯定命题”，基本表达为“有的S是P”；三、包括至尽头处之反（面）语句，又译称“数无尽之反（面）语句”，原文universal negative proposition，今译“全称否定命题”，基本表达为“所有的S不是P”；四、包括未至尽头处之反（面）语句，又译称“数有尽之反面语句”，原文particular negative proposition，今译“特称否定命题”，基本表达为“有的S不是P”。在逻辑学中，全称肯定命题一般沿用“A”，即拉丁文affirmo（肯定）的第一个元音字母来表示，通常也表示为SAP；全称否定命题一般沿用“E”，即拉丁文nego（否定）的第一个元音字母来表示，通常也表示为SEP；特称肯定命题一般沿用“I”，即拉丁文affirmo（肯定）的第二个元音字母来表示，通常也表示为SIP；特称否定命题一般沿用“O”，即拉丁文nego（否定）的第二个元音字母来表示，通常也表示为SOP。

五十六节

欲发明无论何语句之切实意，有堪用之一法，即画大小二平圆圈，小圈居大圈之中偏处，如图。权为金品铸之诸物，尽列于大圈内，他物不列入，凡钱尽列于小圈内，小圈既列入大圈内，即知钱均为金品铸者也，以大圈内无非金品之他物耳。嗣后论考，将多用平圆线圈，便发明此言语部类[1]中，或完全寓于他等语言部类中，或有数分意寓于他等语言部类中，亦或全数无寓耳，其情景如何，可画圈以明之。

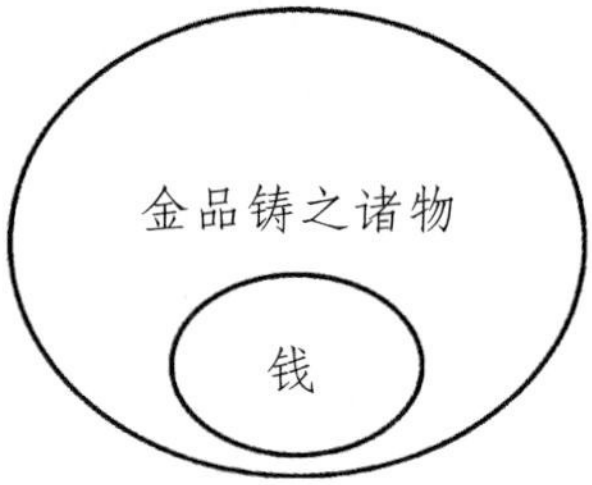

第一图

五十七节

包括至尽头处之反面语句，可取“海草[2]皆不属开花植物部类者”为式，详揣其意，即无一海草居于开花植

[1] 部类，即部分，此处言及命题中主项和谓项之间的关系，即主项完全属于或部分属于谓项，或谓项完全属于或部分属于主项。

[2] 海草，即指生长于温带、热带近海水中的被子植物，是一类生活在温带海域沿岸浅水中的单子叶草本植物，可食用，有花期，每年的三四月长出花枝，花被花苞包着，不易看见。

物类也，所言者为一切海草，是即专重语包括至于尽头处者。如有人问："不开花植物部类半句，包括至尽头处与否？"可如是答之："先宜定准应否查看各种开花之植物，始能明白分定无一种海草属于开花植物类；将一应植物查考既过，余有一种开花植物未尝考查，嗣后，确知其实为海草，余等之语句即不恰当。"然语句中所申明者，为海草中无一种在开花植物内，从可知二者为全然相分而不同者矣，无一物可滥收[1]于二类内也。

五十八节

"海草不为开花植物"语句之意，可即第二图证之。设图中之小圆圈，稍占大圈数分地面，必有数种物同时入于二部落[2]中，即与上节语句所申明"海草皆不在开花植物中"者不合矣。从可知得有一理极紧要，即包括至数无尽之反面语句，其专重语、申明语俱包括至于无穷矣。若等理宜特存在心，绝不可有时或忘也。

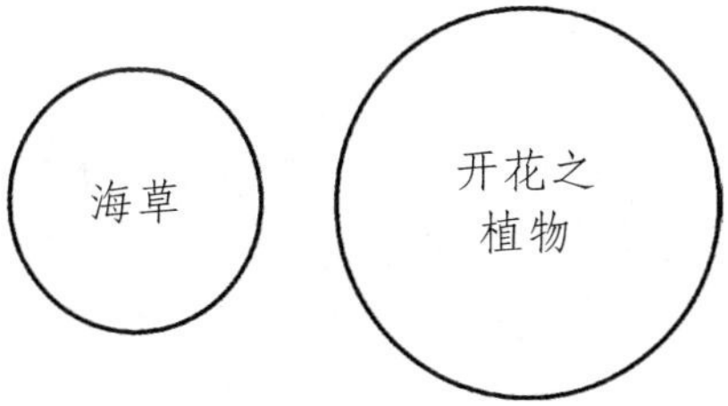

第二图

[1] 滥收，即错误地进行划分归类。

[2] 二部落，指二部分，即两个圆圈中。

五十九节

试为推之，可知包括数有尽之正面语句，无论为专重语、申明语，举不包括至尽头处。则且取譬喻之，如云："数种犬善拿狐。"此等上半句专重语，包括未至尽头处，缘此语句为包括数有尽之类也；且其申明形势之半句，亦包括未至尽头处。余等发是言时，胡能含他兽不善拿狐之意于内哉？更言"茉莉花有数株木本者香"，言外之意，即云"有草本不香之茉莉花"也。此等语句，可作此意观，或言"有数株茉莉花在香物内"，或言"在香物中为几分"，由是观之，专重语并申明语，均为包括未至尽头处者矣。

欲发明此等语句，可复提及数式以推阐之，如"若许部无意味之小说书，有人著出"，"并祭祖所奏之乐，大半为哀恸者"，"唐朝建之宝塔，存者尚有数座"，以及"成色不足之银，有数人认以为色足者"等类皆是。

六十节

末终言及包括数有尽之反面语句矣。如云："有数株茉莉花味不香。"此等专重语上半句，显明"有数株"字样，视即知包括不至尽头处；其申明形势之下半句，略为推揣，乃知其已包括至尽头处也；倘所道及之"数株茉莉花"，非为完全不收入香物内者，谓"味不香"之语即不的确矣。余等是以知所言"数株茉莉花味不香"之一语，谓其全不居于一切香物内也，故云下半句为包括至尽头处耳。

六十一节

于画圆圈发明数未包括至尽头之各种语句时，难免有错误处，言论思拟之间，亦若是之不免有同类错讹，差错既多，宜知其差错为美也。凡余等谓“有数株茉莉花为味香者”，多人闻之，即谓“茉莉花有数株味香，有数株味不香”也，理应不外是耳。若此之一正面语句意，实同于一正一反之语句，合于一处言者。其正面语句，即“有数株茉莉花味香”；反面语句，即“有数株茉莉花味不香”。惟即辨学言之，述一事时，不应含有与是事意不同之他事于内耳，凡余等道“有数株茉莉花味香”一语之时，即理应视为止有此数株茉莉花味香，其他诸多茉莉花香焉与否，举应无准定之意，亦时常不知其他数株香否。譬云：“有数头犬为狼遗留之种类。”此语甚妥，几以为确有凭者矣。第后此倘有人查得犬类，尽为狼遗留者，或反而言人查知有数头犬不为狼遗留之种类，至提及他犬之如何，自应在无定之局中矣。如余更谓：“有数种金类，为能被火焚化者。”语内未必含他金类中有不能被火焚化者之意。且余言“有人笑”，亦言“人大半笑”，余言中犹无误，并不俟细询及人皆笑与否，我既不确知是否有不笑之数人，聆余言之人，不应视我言“有人笑”之一语内，亦包含人有不笑者之意也。大抵于尚未确知之人与物，用“数”，用“几”，用“有”若等字样，言外之意，亦或可全数在均能如是间耳。如余谓“有数头犬为狼遗留之种类”，亦或“凡犬皆如是”，若等字样，无所谓不妥者，虽于后时查考得犬不尽为狼遗留者，亦无所谓窒碍耳。

六十二节

欲发明上文所言此各类语句之意，可复用平圆圈，然必遇一与上文同之难事，即如画二平圆圈成连环套式，如第三图式，左圈小，右圈大，小圈内置若许茉莉花，大圈内置各种香物，是圈所申明之意，即茉莉花中有数株在味香物类内。第亦有不在香物圈内之若许茉莉花，若此，即包括未至尽头处之正面语句，与包括未至尽头处之反面语句，同时俱在矣。然此等图式之窒碍，即将不知香否之花，归于花不香段落内，或归于花香之段落内也。亦有一法可免，如将大平圆圈所连环套之小平圆圈，余于大圈外者，作成虚线式，所发明之意，即大圆外小圈内之花，香与不香尚未言定耳，如第四图之式，适可申明包括未至尽头处之正面语句意。试为更易一式，如小圈套于大圈内之数分，作为虚线式，如第五图式，可发明茉莉花中，有数株不在味香者内矣，至他茉莉花，或为香者，或为不香者，尚未指明，是即数有尽之反面语句意也。

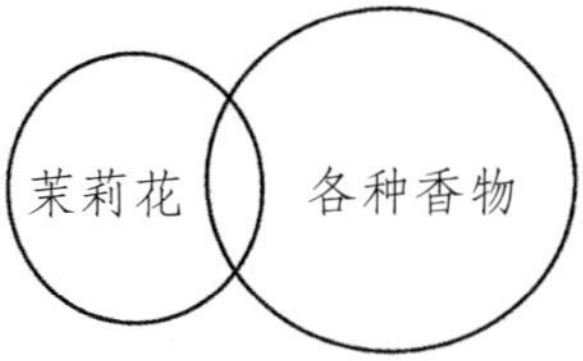

第三图

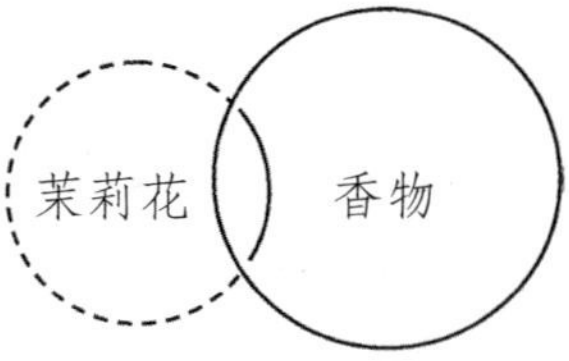

第四图

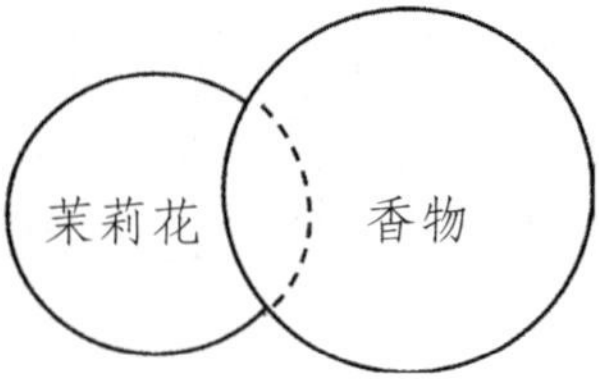

第五图

第九章　转换语句[1]

六十三节

诸生于上所言四类语句之式，既习熟其如何异同意矣，至于是时，可讨论夫此式语句，如何辗转出他等语句之法。夫理属于无论何宗，变换言语，亦十分易易也。同于以胶泥塑各等偶像，不甚费事，其泥变多端形状，仍为原泥，然语句亦可如是之转换，不变其意也。譬云：“钱皆为金品铸者。”易一式言之，谓“无钱不为金品铸者”；或言“无一枚非金品铸成者”亦无不可耳[2]，如图：

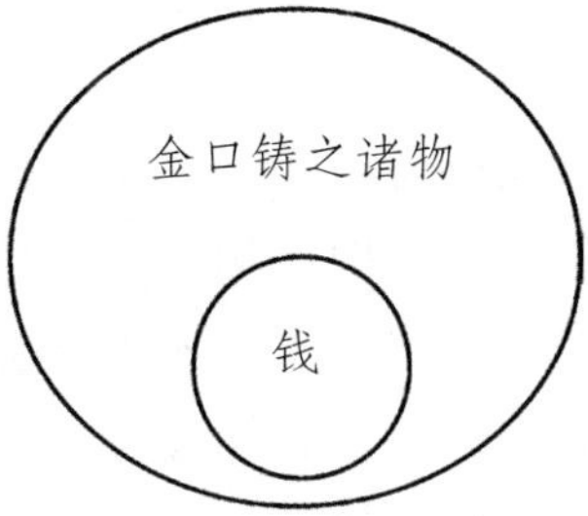

第六图

[1] 转换语句，原文change proposition，即在原命题与逆命题、否命题和逆否命题之间的相互转换。

[2] 此处所论为原命题与否命题之间的关系，即原命题为真，否命题亦为真。

六十四节

假使更画大小二平圆线，如六图式，权为金品铸之物，充满于大圈中，非金品铸之物，均留于大圈外，权为钱俱在小圈内，套于金品物大圈中，从可知钱俱不能出大圈外，属于非金品物矣。设余言“钱尽在金铸物之平圆线中”，或言“无钱在金铸物之平圆线外”，请咨询之二语意有何不同乎？若然，可恒取一包括至尽头处之正面语句，转换而为意相同，包括至尽头处之反面语矣，颠之倒之，正换为反，反换为正，亦无不可者。如云“无一不适用之物”，与言“物均可适用”，同属一意，亦只有句法长短之别耳。诸生尤宜熟悉此各法，既须爽捷，兼须无误。余将论道若许语句之转换法，便于诸生学习矣。

六十五节

转换语句，为余等可随意恒作之事。若然，即将旧用之专重语，易而为申明形势语，旧用之申明形势语，易而为专重语矣，即所谓倒置语句也。新裁得之语句，为旧语句倒置之式，绝不可误认旧语句既为是者，新语句亦恒为是也，殆有时如是言之，亦有时不如是言之耳[1]。设余谓“有数间祠堂为石葺之室”。倒置言之，即“有数间石葺之室为祠堂”意相同。若等倒置语，为直反折者，无庸有他等加意造作，不过专重语半句，更为形势语半句，形势

[1] 此处所论为原命题与逆命题之间的关系，即原命题为真，逆命题不一定为真。

语半句，更为专重语半句，得一新语句而已。由是而知，数有尽之正语句，能直倒折而为数有尽之正语句；而数无尽之反语句，能直倒折而为数无尽之反语句矣。如云“无大花为绿色物”一语句，或倒置云“绿色物内无大花”一语句，果如是措置乎？第将绿色物更为大花，大花更为绿色物，即成厥功矣。如第七图二圆圈，绿色物与大花，既全分二处，大花与绿色物，自全数分离矣。

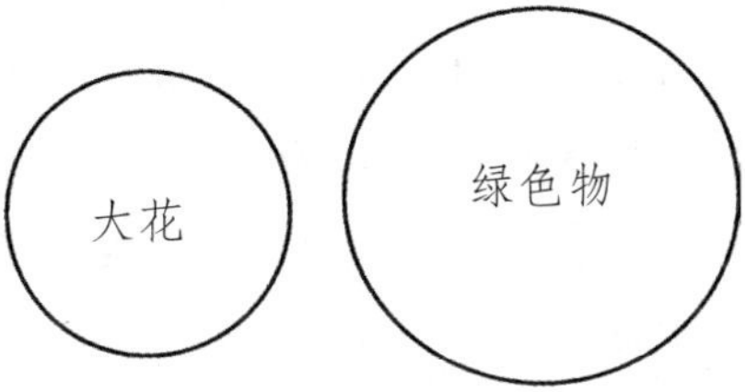

第七图

六十六节

至包括至尽头处之正面语句，倒置言之，殊不甚易。如云“鳞虫、介虫皆为动物”，倒置而言为“动物皆为鳞虫、介虫”，则不合于理矣。实缘以包括至尽头处正面语句之申明形势半语，包括不至尽头处也，如上文五十五节所言即是，盖鳞虫、介虫，止在动物之中，不能括动物全数于鳞、介虫也。余等言“鳞虫、介虫皆为动物”时，不过谓其为数分动物耳，倒置言之，大可谓动物中有数种为鳞、介虫矣。人于平时发言，若等申明形势半句中，凡“几”字、“数”字俱不道，“鳞、介虫皆为动物”之语句，倒置言之，谓“有数种动物为鳞、介虫”，以补平时不道之缺，亦无不可者。若是之颠倒，可名为包括未至尽头处之倒置语矣。由是观之，包括至尽头处之正面语句，倒置言之，即为包括未至尽头处之正面语句也[1]。

六十七节

余等谨慎揣度，此事乃无不明显者，然每有人操觚率尔[2]，漫不经心，即归入歧途矣。各种动物，能自为行走飞跃，凡六畜禽兽虫鱼，均能如是，人见之既熟，易于不加心意，见无论何物活动，即以为是六畜禽兽虫鱼中之一物矣。是即缘伊等不以辨学适当之法分辨，致将禽兽等活物皆行动之语句，倒置差谬也，误以为行动物，均为六畜禽兽昆虫水族等类，讵知不尽然哉！植物亦有若许动者也，有草能捉蝇，呼之曰“捉蝇草”[3]；有花触手即卷曲退避，呼之曰“怕羞草”[4]；更有植物，能自为由此处移彼处者；复有属植物类之无数微细物，以显微镜窥视，见其往来行动，亦如动物之若等迅速；并将极微细之泥土、玻璃、沙点等，倾入极清之雨水中，以大力显微镜窥视，皆有如细虫者跳动。

---

[1] 此处所论为全称肯定命题与特称肯定命题之间的转换，两者之间的关系可同时为真或假。

[2] 操觚率尔，也作“率尔操觚”，原形容文思敏捷，后指写作态度不严肃，没有慎重考虑，就轻率地写，随意着笔。觚，含义有三：1.古代一种盛酒器具；2. 棱角；3. 古代用来写字的木简，操觚，即指写文章。语出晋陆机《文赋》：“或操觚以率尔，或含毫而邈然。”

[3] 捉蝇草，原产于北美洲的一种多年生草本植物，其茎很短，在叶的顶端长有一个酷似贝壳的捕虫夹，且能分泌蜜汁，当有小虫闯入时，能以极快的速度将其夹住，并消化吸收。

[4] 怕羞草，或名为“含羞草”，为豆科多年生草本或亚灌木，由于叶子会对热和光产生反应，受到外力触碰会立即闭合，所以得名含羞草。

六十八节

包括至尽头处之正面语句，人于倒置过时，每至差误，诸生不必怪异，缘此等语句之能据情理直倒折者实不乏，易于令人有误也。如专重语、中明形势语之上下半句，均为专重语时，方可如是倒置无误耳（见十四节）。譬云“李总督为李中堂”[1]，倒置而言，“李中堂为李总督”，此等颠倒句法中，实无错讹；英国诗家名波伯者，

[1] 李总督（李中堂），即李鸿章。总督，为中国明清时期地方军政大员，又称总制。明正统六年（1441年）正月，朝廷用兵麓川（今云南陇川西南），兵部尚书王骥主其事，首次以总督军务入衔。正统末至景泰初（1450年），地方多派总督，为临时性职务，因事而设，事毕即撤。自成化五年（1469年）两广设总督后，其职始专，近于定制。至清代，对统辖一省或数省行政、经济及军事的长官称为“总督”，官阶为正二品，或兼兵部尚书衔高配至从一品。地方总督多由部院正官中推选，以尚书、侍郎任者，亦加都察院正官（都御史、副都御史、佥都御史）职衔。总督与巡抚皆为地方军政大员，合称督抚，但巡抚位于总督之下，且辖一省，不理军务。清朝，前期共设有直隶、两江（辖江苏、安徽和江西三省）、四川、闽浙、云贵、湖广、两广、陕甘八个总督，光绪三十二年（1906年）增设东三省总督，另，设有河道总督、漕运总督等专管某项政务的总督官职，以直隶总督管辖京畿军事，职位最重。中堂，起源于明朝，明太祖废丞相后，设立大学士协助处理政务，明中叶以后，大学士始成为内阁长官。在平时协助皇帝处理政务之时，内阁中书（品级较低的一种秘书官员）会在东西两房办公，而大学士则居中办公，因而被称为“中堂”。清朝继之，在中央施行满汉复职制，即中央六部均设立两个尚书，满汉各一；平时办公，满汉两尚书东西分立而坐，中间房子空着，如有大学士负责管部的话，就由大学士坐中间，即称“中堂”。清代中后期，大学士职权开始扩张，出现大学士管部的情况。李鸿章虽然没有管部，然因其曾任直隶总督，且督建管理北洋海军，实际地位远超中央六部，故亦称之为“李中堂”。

有云“人所宜学者，人也”[1]，倒置而言“人为人所宜学者”，意中有何歧异哉？

六十九节

同名语之彼语此语，亦有时能恰相吻合。如《几何原本》书中：“边线相等之三角形二具，其三角亦皆相等。”此说依《几何原本》法实有确证。倒置而言：“凡角皆相等之二具三角形，其边线皆为相等。”是二语句合于一处而言，即“凡边相等之三角形，皆为角相等之三角形”。将是语句直反过来，即是“三角相等之三角形，皆为三边相等之三角形”[2]。从可知适值申明某物某类为某物某类，或与某物某类相合时，余等即应察视其专重语、申明形势语，或为全分相似，或为数分相似者矣。譬犹云：“虾蟹皆为动物。”此语句之意，不过言虾蟹为动物中之数分也；而三角形者不然，三边相等之三角形，与三角相等之三角形，能为全分相等者，除三边相等之三角形外，无他三角相等之三角形也。

设将方言之无论何语句，绘为圆图式发明之，以一圆圈已足矣，如波伯所云“人所宜学者，人也”一语，倘为毫无

---

[1] 波伯，即亚历山大·蒲柏（Alexander Pope，1688—1744），是18世纪英国伟大诗人。蒲柏出生于罗马天主教家庭，由于当时英国法律规定学校要强制推行英国国教圣公会教育而与天主教冲突，加上幼年曾患脊椎炎，因此他没有上过学，从小在家中自学拉丁文、希腊文、法文和意大利文，终成一代诗人。“人所宜学者，人也”一句，原文The proper study of mankind is man，今译为“每个人都应该正确地认识自我”。

[2] 上述两个命题并不等值，不可为互逆命题。两个三角相等的三角形只能推出其为相似三角形。

差误者，人之一圈，与人所宜学之圈，无过不及而相合矣。

第八图

七十节

复有倒置包括至尽头处之正面语句法，微觉尤难。如云“钱皆为金品铸成”，从可知凡非金品铸者，即不得为钱矣。有若许人乍观时，不能明晓此事，试以九图发明之，凡金品铸之诸物，权为均在大圈中，非金品铸之物均在大圈外，钱权为在小圈中；钱既在小圈中，其非金品之诸物，明显不在小圈内矣，以其俱在大圈外也。复有一讲解法，钱既皆为金品铸之物，非金品铸之物即不能为钱矣，亦因一物，不能既为金品之物，兼不为金品之物也。凡有以包括至尽头处之正面语句为根倒置言之者，率可推阐出一旧申明形势反语句，易为新专重语，旧专重反语句，易为新申明形势语之一语也。

第九图

转换语句，亦可由尾逆推及首，如“凡不适用之物不为活动物”[1]一语，逆而推之，可谓“凡活动物皆为适用物”一语。如或不信，可将方言之一语句倒置观之，即得“凡不适用之物，皆不为活动物”之一语矣，是即与初言之一语句为一式耳。

[1] 适用之物，原文an useful being，即“有用的动物”；活动物，原文an living being，即“有生命的动物”。

第十章　次第连成之论断语（泰西语为西罗基斯摩）[1]

七十一节

余等恒用之论辨语中，常有由二语句推出之一语句，如言：

英国银钱，皆在伦敦城铸成者；
施零[2]皆为英国银钱也；
因知施零均为在伦敦城中所铸成。

若此类之语句，皆为包括至尽头处之正面语也，然于论辨语中，均有次第，依其次第方位，可命以名目，其所推出之第三语句，可呼为“断定结收语”[3]，因人意至此

[1] 次第连成之论断语，即sylligism，音译为“西罗基斯摩”，即三段论、推论。泰西，亦作“太西”，犹极西，旧时中国地理术语，泛指西方欧美各国，清昭梿《啸亭杂录·善天文算法》：“自明中叶泰西人入中国，而算法、天文精于中土。”

[2] 施零，shilling，今译“先令”，英国旧辅币单位，旧时英国多数殖民地亦用之；兑换率为1英镑等于20先令，1先令为20便士，1971年币制改革废除。

[3] 断定结收语，或译“断定语”，原文the conclusion，即“结论”。

立定，辨论语可停止也。其居前之二语句，先出者可谓为“首先出语”或“首出语”，次出者可谓为“次先出语”或“次出语”[1]。藉是二语句，便于推阐出断定语也。

七十二节

断定语缘何在方援之取譬[2]语中，由首出语、次出语生出，乃不难于见。盖先出语告知余等者“英国银钱均在伦敦铸成之钱中”，尚未包括至尽头处，犹有黄金钱、铜钱，亦在彼铸成也；次先出语告知余等者，即“施零均在英国银钱中”，亦只为英国银钱中之数分。设使绘出十图之式，三平圆圈内外套起，内一小圈为施零，中间圈为英国银钱，外层大圈为伦敦铸成之各钱，若此，深可表明夫施零必在伦敦所铸成之钱内，缘施零为英国银钱，英银钱均铸成于伦敦也。

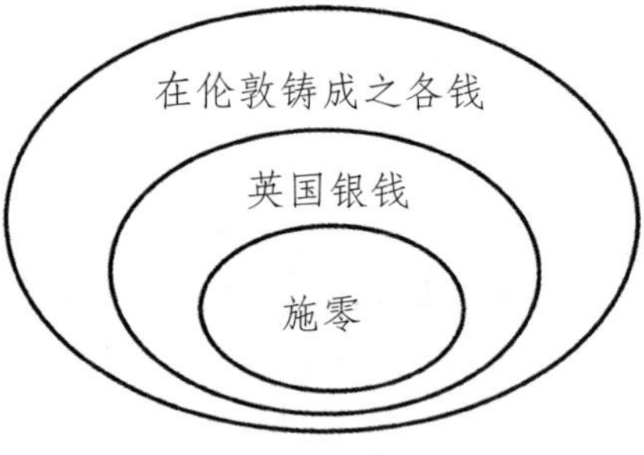

第十图

[1] 首出语，原文the first premise，今译“大前提”；次出语，原文the second premise，今译“小前提”。

[2] 取譬，即打比方、举例子。语出《诗经·大雅·抑》：“取譬不远，昊天不忒。”

七十三节

复举一隅以发明乎断定语，在辨论语中，如何为由首出语、次出语推出者：

铺户皆捐钱修桥铺路；
讨饭人不捐钱修桥铺路；
因知讨饭人皆不为铺户。

此等断定语，为包括至尽头处之反面语句，乃由首出、次出之语句推出者也；首出语句为包括至尽头处之正面语，次出语句为包括至尽头处之反面语。欲讲明其意，可如是言之：

铺户皆列于捐钱者中；
讨饭人不列于捐钱者中；
因知讨饭人与捐钱人全然为互离式也。

画图表明此意时，铺户小圈居于捐钱之大圈中，讨饭人在外自为一圈，并不能占铺户之地步[1]，亦不能与之相遇。

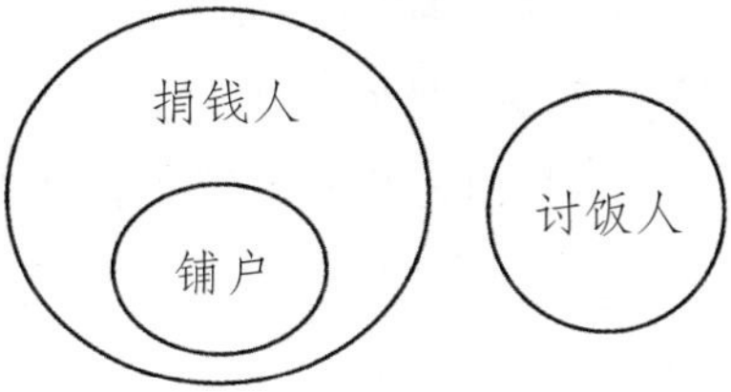

第十一图

[1] 地步，即范围。

七十四节

于上文所言者，并有若许他等可举之辨论语，明视夫断定语，乃由首出语、次出语生来，第辨论语不皆如是也。故学者宜查考夫各等于理相合之三语句论断语，果为如何合成者，措辨若等语句时，应遵依何等规式章程哉！试更以钱喻之：

英国银钱皆在伦敦铸成；
施零均为英国银钱；
因知施零皆在伦敦铸成。

此次所辨论者，仅有三物，即三界语，辨学谓为三得耳马，一为“施零”，一为“英国银钱”，一为“伦敦所铸成”也；断定语中，无“英国银钱”字样；若等字样，不过便于将终存之二界语对较连合而已，如七十二节第十图，内外套成之三平圆圈，居外圈内、内圈外中间之圈为“英国银钱”，是以依泰西人辨学中用诸字样之式，为彼定名为“中界语”；外大圈所含者为“伦敦铸成之诸钱”，是即断定语句之申明语，英文为大得耳马，可译为“大界语”；但“施零”既在小圈内，乃所谓小得耳马，而译为“小界语”，且恒为断定语句之专重语。

七十五节

自是而往，余等将多论夫大界语、小界语、中界语[1]。是以余诚告诸生，应谨记夫中界语之意也，中界语乃不居于断定语句内者，大界语乃为断定语之申明语，小界语乃为断定语之专重语矣；大界语在首出语内，小界语在次出语内。平素依矩矱[2]书字时，先将首出语录出，继方将次出语录出，倘有人将首出语列于次出语下，辨学书中名目未改，犹得谓为首出语，因有大界语在内故也。

[1] 大界语，原文the larger term，今译“大项”；中界语，原文the middle term，今译“中项”；小界语，原文the minor or the lesser term，今译“小项”。在逻辑学中，通常用“P”表示“大项”，用“M”表示“中项”，用“S”表示“小项”。按照语言描述顺序决定的大项、中项、小项在三段论中的不同的位置分布，三段论可分为以下四个格（艾约瑟译为“类”，今日逻辑学称为“格”，从今译）：

	第一格	第二格	第三格	第四格
大前提	M—P	P—M	M—P	P—M
小前提	S—M	S—M	M—S	M—S
结论	S—P	S—P	S—P	S—P

由于原文作者及艾约瑟在此处没有讨论到三段论的四个格，只言及了大、中、小三项的逻辑顺序问题，但在九十二节谈到了三段论的四个格，以及三段论的十九个有效式，故将三段论之四格先于此注出，以期与下文对应介绍时，略为便利。

[2] 矩矱，即规则法度。矱，尺度，法度。语出《楚辞·离骚》：“曰勉升降以上下兮，求矩矱之所同。”

第十一章　次第连成论断语规式六条

七十六节

凡遇辨论语时，务先察得其是否为次第连合成之论断语，且于此类论断语理所应有之规式合焉与否。当中华战国时，希腊人有名阿斯多底利者，察出次第连成论断语之理，并明显著出其语句自有之规式。近五十年来，泰西国有若许人究心是事，欲求得较阿斯多底利尤便当之法，第伊等犹未同心合意拟定用何新式也。余等于新式尚未拟妥之先，仍用希腊人传留之旧法而已，知其实为精详切实，大有益于学士者也。

七十七节

规式之第一款：谓凡次第连成之三语句内，必有三界语，且不能过夫三界语也[1]。缘人于辨论时，其大界语、小界语，每藉第三语校证之，即所谓中界语也。假使有四界语于此，其辨论语中必有二联完全三语句，或并一联完

[1] 即在每一个三段论推理程式中，有且只有三个项（即大、中、小三项），原文：A syllogism must contain three terms, and not more than three terms。

全三语句亦无。譬犹一界语为“牛”，又一界语为“分蹄畜”，复有一界语为“倒嚼畜”，更有一界语为“四肱[1]畜”，设余用此诸界语连成如左之语句：

谓：凡牛，皆为分蹄畜；
又谓：凡倒嚼畜，均有四肱；

有是二语，亦未得“凡牛皆有四肱”之语为断定语句，不先有分蹄畜皆为倒嚼畜若等比拟之他语句不可。惟余等有方言之一语句，即可有二联完全次第连成之三语句，其一为：

分蹄者皆倒嚼；
凡牛皆为分蹄畜；
因知牛皆倒嚼。

其一为：

倒嚼畜皆有四肱；
牛皆倒嚼；
因知牛皆有四肱。

由是而知，次第连成之三语句，必恰有无多无少之三界语也。此等三界语，呼之为大界语、中界语、小界语。

[1] 肱，牛百叶。

七十八节

其规式之第二款：即凡次第连成之论断语，必有三语句合成也，然亦不能多于三语句耳，一为断定语句，并有二先出之语句，一为首出语，一为次出语也[1]。假使有四语句，必属一为断定语句，其余三语句，均为先出之语句类，然只以首出、次出之大、小界语与中界语对较之即足矣。如其先出之语句为三，或并一联语句不能成，或可成为二联完全三语句。譬犹复提及“牛”，用二语句足证明其为倒嚼畜，因其为分蹄畜故也；复用二联新成之完全三语句，即足证明其为四肱畜。

七十九节

规式之第三款：极紧要者，为次第连合成之三语句，中界语务于首出、次出之语中，决有一次包括至于尽头处也[2]。第次等规式，于情理为如何？是时不易发明耳，后将设譬以喻，终亦不能外乎此意。或中界语未尝一次包括至尽头处，诚恐首出之中界语，不同于次出之中界语，其实与无

[1] 即在每一个三段论推理中，有且只有三个命题，其中之一为结论，另外两个为大小前提。原文：A syllogism must consist of three propositions, and only three propositions, of which one is the conclusion, and the other two are the major and minor premises。

[2] 即在每一个三段论推理中，中项必须周延一次。原文：The middle term of a syllogism must be distributed，that is, taken universally, or in its whole extent of meaning, once at least in the premises。周延（distribute），是指判断本身直接或间接地对其主项（或谓项）的全部外延作了断定的，就称这个判断的主项（或谓项）是周延的，反之不周延。

切实中界语无异也。譬犹云“有数种动物为食肉者”为首出语，又一语句谓“有动物为四肱者”为次出语，必不能因之视“各种食肉之动物均有四肱”而援为断定语，实缘其中界语未包括至尽头处也。试为思之，谓食肉之数种动物，不同于四肱之数种动物，不若为首出、次出之二语为有四界语矣，惟与上言界语不应，多于三之款不相符合，可谓为中界语不适当之语病也。于是如有“数种物为食肉者”一语句，并有“动物皆赖养气[1]生活者”一语句，缘此即推出“赖养气生活之动物，有数种为食肉者矣”，既属如是。其中明有一适当之中界语，首出语句中之数种动物，必在次出语句所言之一切动物中。若然，余等于将首出、次出语校对时，可有准法，而中界语无不适当之语病矣。

八十节

规式之第四款：即断定语句中，提及无论何界语所包括之一切物，非于或首出或次出语句中之界语有一次包括至尽头处，决不可也[2]。是意，即凡界语非先于首出、次出之语句道及其一切，至断定语句中，绝不能道及其一切耳。譬云“凡脆物易破不坚，不可铸之为钱”为先出语，“金品中有数种易破之脆物”为次出语，决不可视“金品诸质，皆不堪充铸钱之材料”为适当之断定语；所可申明者，即金品中之脆性材料不能铸为钱，其他金品可否铸之

[1] 养气，原文oxygen，即氧气。

[2] 即在三段论推理时，在前提中不周延的词项，在结论中也不得周延。原文：No term must bc distributed in the conclusion unless it was distributed in the premises。

为钱未尝道及耳。首出、次出语句中，无申明他金品之如何性情，如何用处，纵有背此款规式之时，亦不易于查考出。如七十九节云“有数种动物不食肉”为先出语，“动物皆食养气”为次出语，余不能因此即断定“食养气者皆食肉”也，务记忆“动物皆食养气”之次出语为正面者。既为正面语，如五十五节内所言，不将申明语包括至于尽头处，即未道及食养气之一切动物如何也。至他等境遇，违此第四款之各情节若何，于此不必论及，下文八十七、八节中，可缕晰讲明也。

八十一节

规式之第五款：即首出、次出语，均为反面语句时，无可推出之断定语也[1]。反面语所言者，即其中之专重语，与申明语，二者不相符合，所指明之各物类，必属或全数分隔，或仅数分分隔[2]者。譬云“无英国人为奴才”，更言“无黑人为英国人”，绘为图时，英国人之圈，必不与黑人之圈有环套式[3]，英国人自为一圈，黑人亦自为一圈也。余等微加推揣，即知黑人之圈，与奴才之圈，或可各分一处，或可有分数无定之环套[4]，是即可发明黑人中之三者：一可不为奴，二可半为奴半不为奴，三

[1] 即三段论的两个否定前提推不出结论。原文：It is very certain that from two negative premises, nothing can be inferred。

[2] 全数分隔，或仅数分分隔，原文The terms are wholly or partly separated from each other，即完全不相关或部分不相关。

[3] 环套式，即两圆相交。

[4] 分数无定之环套，即二圆或相交，或相离。分数无定，即程度不等。

并可全数为奴也。第三者何一为是，不能遽定，缘于首出、次出之语句中，未尝将此意详细道出耳。

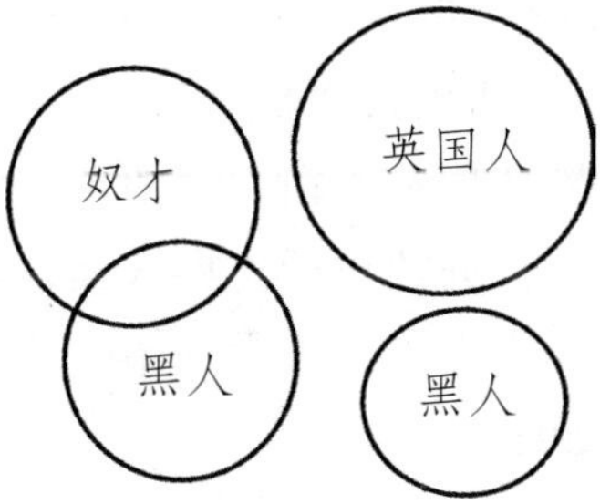

第十二图

八十二节

至是，乃规式之末一款矣：设首出、次出之语句中，有一为反面者，断定语句亦必为反面；且首出、次出语句中，非有一为反面者，亦不能有一反面断定语句[1]。欲明其意，只宜揣反面语句在画成之一图式中，总为一平圆圈，在他平圆圈外，如图：

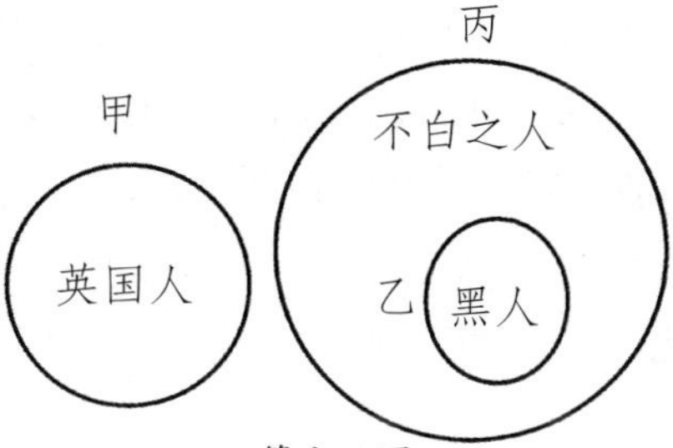

第十三图

[1] 即在三段论推理中，前提有一个是否定的，其结论必是否定的；若结论是否定的，则前提必有一个是否定的。原文：If one premise be negative, the conclusion must be negative, and we cannot get a negative conclusion unless one of the premises be negative。

倘余等有“黑人均不白”“英国人无不白”之若等语，黑人乙圈，必属在不白人丙圈中；英人甲圈，必在不白者圈外，因此知英人圈在黑人圈外矣。申明语与专重语，可易一次序位置之。譬犹云“黑人皆不白”“中国人中无黑人”，黑人之圈依旧在不白人大圈中；而中国人之圈，纵居于黑人圈外，然亦或可于不白人圈，半在内半在外而成环套式，或全圈套在不白人大圈中，或全圈在不白人圈外，自为一圈，如图：

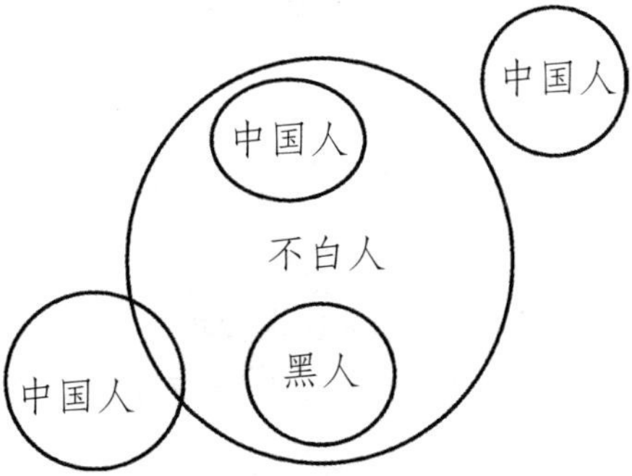

第十四图

此等首出、次出语句，所申明者，毫不言及中国人与不白人何若，由是而观，其首出、次出语中一为反面时，所推得者，或为反面断定语，或无何断定语[1]。

八十三节

规式第六款之下段，所申明者，为非于首出、次出

[1] 无何断定语，即没有结论。无何，含义有二：1. 不久；2. 没有。语出《荀子·天论》：“星队木鸣，国人皆恐，曰：‘是何也？’曰：‘无何也。’”

语中，有一为反面，不能得一断定之反面语句，可仍以平圆线以试其是焉与否。所宜辨别清楚者，即能否使一圈藉三圈证明在二圈之外耶？惟有一法堪用，于一大平圆丙圈内，画一小平圆乙圈，更画一平圆甲圈在大平圆丙圈外，与第十三图之式即相同，遂成上文所屡道反面语恒有之式矣。

八十四节

凡加意于辨论学术，依辨学法分辨无误，能至于极嘉地步者，必谨遵上所历言规式之一、二、三、四、五、六诸款也。务将规式牢存于心，遇论断语来前时，立即视清其与六款相合与否。余于是时，可多援取辨论语，便于晓明以何法察视论辨之语句，决断其果否遵依次第连合成三语句之理，使其首出、次出之断定语句，如是列之：

有帝王之国均封公侯伯子男[1]；
美国不封公侯伯子男；
从可知美国不为有帝王之国。

于此断定语中，例宜不见之中界语，所谓“不封公侯伯子男”即是，次出语句为“美国”，首出语句为“有

[1] 公侯伯子男，含义有二：1. 中国先秦爵制，分五个等级，至清代依旧有遗存，如曾国藩封一等毅勇侯，左宗棠封二等恪靖侯，李鸿章封一等肃毅伯，以公最高，侯、伯、子、男依次次之。《孟子·万章下》中所举的周代爵称，有天子、公、侯、伯、子男五等。2. 在欧洲中世纪，也有公、侯、伯、子、男五等爵位制度，至今在西方依旧留存。

帝王之国”，此等作半句之界语恰有三，乃不多不少，是即与规式之第一款适合矣。据规式之第二款所言，亦为三半句连合成无多无寡之三语句，规式之第三款中界语，少言之亦须有一次包括至尽头处，次出语既为“美国不封公侯伯子男”反面语句，故彼次出语下半句之申明语，为包括至于尽头处也（见五十七节）。即规式之第四款核之，“美国”与“有帝王之国”在断定语中，俱包括至于尽头处，而“美国”“有帝王之国”居于首先出语、次先出语上半句，亦属包括至于尽头处，以是知于此款无违也。至首出语为正面语句，与规式之第五款亦无违。至于规式之第六款，二先出语中有一为反面语句，其断定语亦必为反面语句，与此亦无不相符矣。辨论语诚能如是，则与三语句次第连合成之论断语规式，自无背谬处耳。

八十五节

余等更察视三语句，知其是否为按规式连合成之论断语，试为详明录于左：

凡地中物均属由矿窑取出者；
煤亦为由矿窑中取出者；
因知凡煤皆为地中物。

中界语之恒为余等所宜首先精心者，即“由矿窑中取出”也，其首出、次出之二语句，视即知其均为正面；惟其为正面，故恒不将下半句之申明语包括至尽头处（见五十五节、五十九节），即于规式之第三款所言，中界语少论之亦须一次包括至尽头处，不相符合也，可名之为中界语未包括至尽头处语病。

八十六节

尝有女史著书一部，于分列各门中，有一门欲证明“头戴假发为发妄言欺人”，究其语言之实，伊之辨论语，即“头戴假发为欺人事”，复有“发妄言亦为欺人事”，其二申明语，俱未包括至尽头处，明显其各为欺人之一法，发妄言乃以言语欺人，以他法欺人者，不为发妄言也。

欲成一与规式相合之辨论语，应更为下所布列之式：

欺人者为发妄言事；
头戴假发为欺人事；
因知头戴假发为发妄言事。

假使每段欺人事均为发妄言事，若等断定语，即于次第连合成之三语句规式相合矣。果其情形如是，断定语句即实无语病，第与平时用发妄言若等字样之意，先出之语句，明显不甚相符，缘首出、次出语中之中界语，均未有一次包括至尽头处也。

八十七节

人于平生，专习一门学术，心知其诚有利益；至他等，未尝殚厥心之各学术；即不知其利益，此等人于辨论时，易蹈于差误中。缘其以己所专心肄习[1]之学术为于人有益，故视己未尝用心之他等学术为无益于人矣。即如古人留贻之诸书，或拉丁文，或希腊文，在欧洲为泰西幼年人所攻读，同如中国之古书，为中国文学人所攻读，以之与格致诸学互较，可如是彰明之，其规式列于左：

文学人专心攻读古书乃有利益；
格致诸学不同于文学人所攻读之古书；
因知人习格致诸学为无益。

察视此辨论语中，是否寓有差谬，即其语句反复观玩，见界语数足，三语句亦无何差谬；不见于断定语中之中界语，“文学人所攻读之古书”即是；其次出语句为反面，中界语在此已包括至于尽头处；于首出语中，此中界语为专语（见十四节），既为专语，亦可谓其包括已至尽头处也；次出语为反面语句，断定语亦为反面语句，尚未察得有何舛错[2]。更加以细心体察，见其断定语为反面者，申明语为“于人有益”之半句，已包括至于尽头处矣；而首出语中之“于人有益”字样，未尝包括至尽头处，所有异者即此也。缘此，即与规式之第四款，所云“凡界语不先于首出、次出语中，有一次包括至尽头处，不能于断定语中包括至尽头处”不合矣。

[1] 肄习，即学习。《后汉书·公孙述传》：“（公孙述）遂大作营垒，陈车骑，肄习战射。”
[2] 舛错，即错误。舛，含义有三：1. 错误；2. 不顺遂；3. 违背。

八十八节

有益于人之学术，固属不乏，文学人攻读之古书，亦在其内也；第不能因文学人攻读之古书，在于人有益学术中，即言他等学术，均不在于人有益学术中。有益学术，可绘图发明之，一大平圈内，有二小平圈，上小圈，为文学人攻读之古书，下小圈，即格致学；余二小圈为格致学，如十五图二种学术在小圈中，大圈为于人有益之学术，文学人攻读之古书圈，与格致学圈，两不干涉；惟格致学可任其或全在大圈中，或全在大圈外，或半在大圈内，半在大圈外。从可知文学人所攻读之古书，为有益于人之学术句中，绝无告知余等格致学术是否于人有益之意矣。或更道及算学、辨学、性理[1]等学术，亦均若是也，不能因一门学术之有益，即以各他学术为无益于人也。

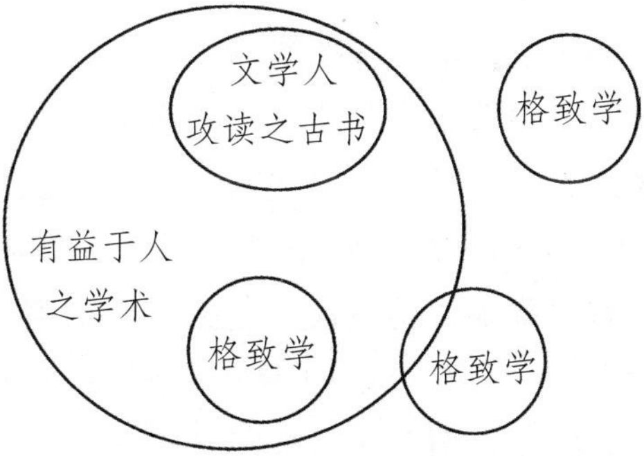

第十五图

[1] 性理学，原文Moral，今译“伦理学”（Ethics），即关于道德问题的学科。另，性理学在宋元明清时期也指程朱理学，因宋儒主张“性即理”而得名。性理，含义有三：1. 生命的原理、规律；2. 情绪和理智；3. 人性与天理。宋儒所论“性即理”即从第三个层面上讲，这与西方伦理学有某些类似之处。

八十九节

英国制度，凡住室之家[1]，除得人输助之银钱者[2]不计外，至日，例均可赴局投名[3]，选举人充议政院官员，则且藉以喻之：

住室者俱输养给贫民钱；
可选举人充议政院官员者即输养给贫民钱之人；
因知住室之人例均可选举人充议政院官员。

试思若等论断三语句中有无语病，“输养给贫民钱”为中界语，亦即为首出、次出二语之申明语，均由正面言之也，故中界语于其首出、次出二语中，均不包括至尽头处，揆之于规式第三款，此论断语即不相合。第人之辨论语中有无语病，不加以细心亦不易察出也。次出语中似有语病，而确无语病，原未尝言“例可选举人充议政官员之人，俱捐养给贫民之钱”，亦未曾言“例可选举人充议政院官员之人，在输养给贫民钱者中”，余等所言者，为“例可选举人充议政院官员之人，即输养给贫民钱之人”，仿如言“除输养给贫民钱之人，无例可选举人充议政院官员者”然，故若等语句，实属直反折不变分数之语句[4]矣。余等随意可谓“凡输养给贫民钱之人，即例可选举人充议政院官员之人”，且可云“得输助钱无怙恃之贫

[1] 住室之家，原文householder，即拥有房产者。
[2] 得人输助之银钱者，原文pauper，即乞丐、穷人或靠救助度日者。
[3] 投名，即选民登记。
[4] 直反折不变分数之语句，原文convert simply，即等价逆否命题。

民外，凡住室者，举属输养给贫民钱之人矣”，既有此等语句，即不难依三语句次第连成之式，断定为“凡住室之人，即例可选举人充议政院官员人”若等语句矣。

九十节

上文开列之各规式，既已有得于心矣，复有属于次第之二规式，可连类推测之。其一规式，乃为辨论语中，有分数包括未至尽头处之二语句，无论为反为正，终不能推测得合于辨学之何等断定语[1]。譬犹首出语谓“例可选举人充议政院官员者，有数人为读书通达事理之人”，次出语谓“有数位读书通达事理之人，极明晓何者为国家与本国黎庶现时之急务”，不能由是即推出“例可选举人充议政院官员者中，有数位极明晓何者为现时国民所急需”之若等语句；“读书通达事理者”为中界语，亦即为首出语之申明语，因知其包括未至尽头处，在次出语中为专重语，包括亦未至尽头处也。是以此等初视为极善之辨论语，与规式之第三款不相符矣，果宜如何讲解哉？可解为“例应选举人充议政院官员之通达事理读书人”，亦或“不为明晓于国计民生有益之数位读书通达事理之人”，且以此等法式，取若等首出、次出二语句分数均包括未至尽头处之他辨论语推揣之，必知其俱永不能遵依三语句论断语之规式，付予余等极妥贴断定语也。

---

[1] 即在三段论推理中，如从两个不论为否定或肯定的特称命题中进行推论，将得不出任何逻辑结论。原文：The first is that from two particular propositions, whether affirmative or negative, we cannot deduce any logical conclusion。

九十一节

奉规式之六款为根据，可推揣出之次等规式第二款，即首出语或次出语，倘为包括未至尽头处者，断定语之分数，亦必不能包括至于尽头处[1]。设余等如是言之，首出语谓“有数人不堪为选举人充议政院官员之人”，次出语谓“文理通达之人，均堪为选举人充议政院官员之人”，相继之断定语谓“是以选举人充议政院官员之人，皆不为通达文字之人”。如是言之，即与规式之第四款不合矣，细论其故，即先出语有“选举人充议政院官员”之句，未包括至尽头处，止言“有数人不堪选举人”而已，职是之故，断定语“选举人充议政院官员之若许人”，决不可有何推出之事矣。与此式同之无论何三语句论断语，或首出语，或次出语，有一分数未包括至尽头处者，而其断定语独为包括至于尽头处，即与规式六款中之何一款必不合矣，即七十七节至八十二节所开载规式之诸款也。

九十二节

论及辨学书中之大半，凡用包括全分或数分、为正、为反之四类语句时，联络成无论何式之三语句，论断语尝试夫所能用而适当之辨论式，共有十九，即所谓三语句论

[1] 即在三段论推理中，只要大前提或小前提中任何一个为特称命题，其结论必然为特称命题。原文：A second rule which follows from those of the syllogism is that, if either premise be particular, the conclusion must also be particular。

断语之十九式[1]也，其十九式分为四类，每类以中界语居首出语、次出语中之方位奉为准的。辨学诸家，于所言之论断语，每类中早已审察妥，次第连合成之论断语，于何式中得当，伊等书中业经开列齐备，所分四类，各以音母为号，十九式之每式，俱用拉丁语注录出，如巴巴拉（一式）、西喇伦（二式）、大利以（三式）、非略（四式）等字样，成为有韵有部位之语句，所用之音母，举可发明其语句为属何类之语句，其论断语为属何式相当之论断语[2]。第将此等有韵之语言，牢记于心，亦无大益，实缘诸生于次第连合成三语句规式之六款，胸中明白透彻，诚足令余等知何辨论语为适当之三语句也。

[1] 三语句论断语之十九式，对应七十五节所论，并加入四种命题，可知在同一格的三段论也有具体的差异，即它们的前提和结论中所涉及的直言命题的量（全称、特称）和质（肯定、否定）是不同的，也就是说它们的"式"是不同的。亦即将全称肯定命题（SAP，简称"A"）、特称肯定命题（SIP，简称"I"）、全称否定命题（SEP，简称"E"）、特称否定命题（SOP，简称"O"）四个命题置于七十五节所讲的格（艾约瑟译为"类"，今日逻辑学称为"格"，从今译）中，由于在三段论的每格中，A、E、I、O四种判断，都可以分别作为大、小前提和结论，所以其组合数量是4×4×4=64个；又，三段论共有四个格，因此，三段论的可能式共有64×4=256个。再按照本章所讲的规则进行筛选，共有24个有效式成立，用命题简称表达即为：

第一格	第二格	第三格	第四格
AAA	AEE	AAI	AAI
EAE	EAE	EAO	EAO
AII	AOO	AII	AEE
EIO	EIO	EIO	EIO
（AAI）	（AEO）	IAI	IAI
（EAO）	（EAO）	OAO	（AEO）

注意，表中共有五个表达式以括号标注，因其为三段论弱式。所谓弱式，是指本来可以得出全称的结论，但却只得出了特称的结论。可以不把弱式看成是独立的有效式，则三段论有效式共有19个，是即文中所言"三语句论断语之十九式"。

[2] 此处所论即三段论推理简便书写及记忆法，如上注之表格。

九十三节

凡合规式之辨论语句，有首出语、次出语，并有断定语。然人于平时发言，语句总不能俱论道完全，亦因平时道之语句，多有删繁就简，不取完全而取嘹亮也。顾或者谓："余等奚必学辨学中之语句规式，余等平素发言议论，不用次第连合成之三语句法。"伊之为是言也，俱因首出、次出与断定语，不依辨学书中之规式各款耳，则将如是断之，谓若者与心中算数实相似，讵得以其未尝如算法详细开列出各数目，即谓不同算法书中之算法哉？平素语言之间，首出、次出之语句，每常一明显道出，一乃置于言外，而断定语句亦仍论道出，观书人自揣摩得其所弃置之语句，犹如《马太福音书》第五章之八福[1]然，每一福有断定语，相继者为首出语，"若矜恤者福矣，以其将见矜恤也"句，乃译为华文之语句也；原文之断定语中，专重语与申明语上下倒置，其式即"福矣，矜恤人者，以其将见矜恤也"。言外即以凡见矜恤者有福，为其次出语句，试将其可次第连合成之完全三语句，开列于左：

凡见矜恤者，福矣；
凡矜恤人者，将见矜恤；
因知矜恤人者，皆得福矣。

---

[1]《马太福音书》第五章之八福，亦称"天国八福"（The Beatitudes）或"登山宝训"（The Sermon on the Mount，奥古斯丁首称之），具体参见《圣经·马太福音》第五章三至十一节，后文中"矜恤者福矣，以其将见矜恤也"一句即为该段经文的第七节，今译"怜恤人的人有福了，因为他们必蒙怜恤"。

此乃适当之完全三语句也，其式与十节、七十四节所言者无异矣。

九十四节

凡用“因而”“是以”“既然”若等字样时，可知此际乃有所辨者，遇此等语言时，精心查考，于此恒有一适当之完全三语句。第平素语言间，所发之论辨，不仅用辨学中规式各款，亦恒用《几何原本》书并算法书中之辨论意。假使余于辨论时，谓：

红砂石层，俱在青石层之上；
因红砂石层，举[1]在煤层上；
煤层均在青石层上也。

此等论辨，一面为辨学中之辨论式，一面为属乎高下浅深之论辨，乃合于《几何原本》之道矣，因几何学并算术，俱有其专用之辨论也。

[1] 举，疑为错讹，当为“俱”。

第十二章　用“如”“若”等虚拟字样之语句

九十五节

上文五十一、二二节中，已道及语句分三类，平素恒用之一类，前章业经解明，兹欲论者，即用“如”“若”等字样虚拟类也。首冠“如”“若”等字之语句，与寻常语句连合，便推出断定语而成为完全三语句。譬云“如其城中有巡抚[1]衙门[2]，必为省城”，是首出语有“如”“若”字矣；次出语即可谓“济南府有巡抚衙门”，断定语可谓为“因知济南府为省城”，是即冠首用“如”“若”字之正面三语句也。有首出语、次出语、断定语，与平素之完全三语句无异，首出语句为带“如”“若”字样之虚拟语，分为二截[3]，一截为

[1] 巡抚，是中国明清时地方军政大员之一，又称抚台，以“巡行天下，抚军安民”而名。巡抚始设于明洪武年间（1368—1398年），初无定制，且非地方长官；宣德五年（1430年），各省常设巡抚官渐成制度。初设，职权仅为督理税粮，总理河道，抚治流民，整饬边关，后遂偏重军事。清因明制，在各省设置巡抚。清代巡抚是一省最高军政长官，具有处理全省民政、司法、监察及指挥军事大权。

[2] 衙门，即政府机构的办公场所。

[3] 二截，今译“前件”（antecedent）和“后件”（consequent），为假言命题的两个组成部分。

“如”“若”“倘”“苟”“设”等虚拟冠首字样，一截为明告余等所必继续情形之字样矣。

九十六节

“如”“若”等虚拟字样，入次第合成之三语句时，有二简明规式，其前截“如”“若”等虚拟字样为是时，后截继续之语亦为是；后截继续之语为非时，前截“如”“若”等虚拟字样亦为非[1]。如上节所言，“济南府有巡抚衙门”之语果为是，其后言之“济南府必为省城”之语亦必为是，此第一规式也。论及反面之第二规式，设：

> 风气[2]于无论为高为下处，均同一之冷热疏密；
> 阿勒比山[3]，必无万年不化之雪；
> 惟阿勒比山恒有万年不化之雪也，因知风气于高下处不同一冷热疏密。

此等三语句，可呼为冠首用“如”“若”等虚拟字样之反面完全三语句矣。

---

[1] 即在一假言命题中，前件如果为肯定，后件亦为肯定，反之亦然，即充分必要假言命题。原文：If the antecedent be affirmed, the consequent may be affirmed. If the consequent be denied, the antecedent may be denied。

[2] 风气，原文atmosphere，即空气。

[3] 阿勒比山，Alps，今译“阿尔卑斯山”，欧洲中部山脉，覆盖了意大利北部、法国东南部、瑞士、列支敦士登、奥地利、德国南部及斯洛文尼亚；山脉呈弧形，长1200千米，宽130—260千米，平均海拔约3000米，有82座山峰海拔超过4000米，最高峰勃朗峰，海拔4810米，位于法、意和瑞三国交界处。

九十七节

所宜慎审而戒警者，余等道上所言之辨论语二截时，即将继续后句以为是，或将虚拟前句以为非，遂误视为无语病之次第连合三语句也[1]，而抑知不尽然哉。设有若此之辨论语：

> 倘教读者为善塾师[2]，必其于所教之书明白透彻；
> 张公于教学生读之书实如是，
> 因知其为教读之善塾师。

断定语中所言“其为善塾师”之语，是否属实，均须相度其情节方知；而于首出、次出语中不能推阐出也。试更言及一辨论语式：

> 倘雪调和于盐中，雪即消化；
> 地面所有之雪，未尝与盐调和；
> 故不消化为水。

此等辨论语，即于理、实不相合矣。雪遇温暖，均可消融，不惟与盐调和始化也；其未与盐调和时，雪因他故融化，亦无不可。余等于一可虚拟之语为非时，其他所可有之虚拟语，俱不道及矣。

---

[1] 此处所言即充分条件假言命题，现在逻辑学具体表述为：充分条件假言命题与其支命题（前件、后件）之间的真假关系是：如果前件真而后件假，则该充分条件假言命题才是假的；如果不是前件真而后件假，则该充分条件假言命题是真的。
[2] 塾师，即旧时的私塾先生。

九十八节

详考而知上所言之虚拟语句，无论为单语，或联络为三语，实与不用虚拟字样语言类之单语或三语句，无何不同处，均关乎申明出语句之方便也。如九十五节中，次第连合成之三语句，易而为：

凡有巡抚衙门之城皆为省城；
济南府有巡抚衙门；
是以为省城。

其中界语为“有巡抚衙门之城”，与规式六款之第三款三语句即相符合矣。九十六节中所举“风气之譬”，亦可似此之将“设”字删去，易而谓“疏密分数高下相同之风气，不为笼罩阿勒比山，使在上有万年不化雪之风气”为首出语，以“余等处风气，是使阿勒比山上有万年不化雪之风气”为次出语，断定语可谓“因知笼罩余等者，不为疏密分数高下相同之风气套”。首出语为反面语，断定语为反面语，亦与规式六款中语相合矣。余凡带有“如”“若”“苟”“倘”等虚拟字样之三语句，均可仿此式，易为平常次第连合成之三语句式矣，更易时用上所言之一式、二式俱可。

九十九节

至于兹时，可知以“如”“若”“倘”“苟”等虚拟字句之后截，于次出语中谓为是时，遂于断定语处，亦推所虚拟之前截为是，乃有所窒碍，所有之语病，与违犯规式第三款无以异，即中界语未包括至尽头处，而于理不合也[1]。诸生如不见信，请视九十七节中之语句，谓：

善塾师明透其所指讲之道；
张公为明透指讲之道者；
因知张公为善塾师。

首出、次出二语均为正面，俱将明透所指讲道之中界语为后截，从可知其中界语，在先出语、次出语中，未尝有一次包括至尽头处也，未言及耳提面命、口讲指画之教读法，尚得谓之为善塾师乎？

断定语中，设将句首冠“如”“若”“倘”“苟”等虚拟字样之若等语中事谓为非是时，即因违犯规式第四款之语病，视首出、次出未包括至尽头处之界语，在断定语中为已包括至于尽头处也。可将上言“倘雪调和于盐中，雪即消化”之字样，易而为“将雪与盐调和，雪即消化”若等字样，相继而言“地面之雪不与盐调合一处，因而其雪不化”。此断定语句为反面者，是以“不化”字下截之申明语，包括至于尽头处也，惟“化”字为首出语中下截，亦属正面者，是以不能包括至于尽头处，与规式第四款有违，此等语言，与八十七节所言者相若矣。

[1] 此处所言为必要条件假言命题，现代逻辑学具体表述为：必要条件假言命题与其支命题（前件、后件）之间的真假关系是：如果前件假而后件真，则该必要条件假言命题才是假的；如果不是前件假而后件真，则该必要条件假言命题是真的。

第十三章　他式辨论语

一百节

至他式适当无错谬之辨论语句，无庸视为皆必与次第连合成三语句之各等定规式相符也。惟藉中界语连合二界语之辨论语，且因之可视为按规式之三语句者，不得不遵上言之规式六款而已。人所恒用之各等辨论语中，属乎此类者固甚多，不属乎此类者亦至不乏。内亦有迩来[1]辨学诸家新解明之数种，于辨学旧书中尚未备载也。

一百零一节

辨论语句式中，有用“或”字冠句首之分歧口头者，可名之为口头分歧三语句，不拘守夫次第连合成三语句之规式六款，亦不与之有何相若。于五十二节中，业经言及此等分歧口头语句中，有若许界语，俱用“或”字连合，而于大类分为小类时，若等语句甚便[2]。即如言及植物，

[1] 迩来，即近来。

[2] 此处所论为相容选言命题，即反映事物的若干种情况或性质中至少有一种情况存在的命题，基本表达式为“或……或……”。

或谓为木本者，或谓为草本者，或谓为寄生者；更言夫船，或为篷船，或为划船，或为轮船；使用之钱，或为黄金，或为白银，或为铜；唐宋大家[1]，或韩昌黎，或柳河东，或曾，或王。若是之各物类与人姓名，俱以“或”字为维系联络之侧重语句，可任意摘取，此不适宜，彼则得当，亦惟有慎审选择之而已。

一百零二节

辨论而用诸般侧重语句时，规式兹可解明，此一二端若指其为非，所余者皆可指为是。如：柴与煤等质，举属或炭气，或轻气[2]，倘为无轻气者，决为炭气，无炭气者，决为轻气。此等侧重止有二端之语句，亦至不乏，时而以此为非，则必以彼为是；时而以此为是，则必以彼为非[3]。譬犹罪名有三等，套画他人花押[4]，既非犯法之重

[1] 唐宋大家，即指唐宋八大家，又称唐宋散文八大家，是中国唐代韩愈（即本节中之韩昌黎，因自称“郡望昌黎”，世称“昌黎先生”）、柳宗元（即本节中之柳河东，河东人，即今山西永济人）和宋代苏轼、苏洵、苏辙、王安石（本节中之“王”）、曾巩（本节中之“曾”）、欧阳修八位散文家的合称。其中韩愈、柳宗元是唐代“古文运动”的领袖，欧阳修、“三苏”等四人是宋代“古文运动”的核心人物，王安石、曾巩是临川文学的代表人物。韩愈是“古文运动”的倡导者，他们先后掀起的古文革新浪潮，使诗文发展的陈旧面貌焕然一新。明初朱右选韩、柳等人文为《八先生文集》，遂起用八家之名，其名亦于兹始。

[2] 炭气，原文carbon，即碳；轻气，原文hydrogen，即氢气；因煤中不含气体，而有碳、氢、氧、硫等元素，故疑为艾约瑟误译。

[3] 此处所论为不相容选言命题，即反映事物的若干种情况或性质中有且只有一种情况存在的命题，基本表达式为“要么……要么……”，或“不是……就是……”。

[4] 花押，即画押，旧时在公文、契约或供状上画花押或写“押”字、“十”字，表示认可。

例，兼非越礼之轻例，必为过失罪名。于此有三侧重焉，彼二侧重均指为非者，则此一侧重必为是矣。当筑室也，覆顶之物料，或为砖瓦，或为草秸，或为铁片与石片，或为毛毡，亦或用木棚布帐，是此室所覆者，为居七侧重之间矣。如不为草秸室顶，复不为石片室顶，必居彼所侧重之五端内也。若是之辨论语，其所有之侧重处，法式不同，亦无定数，要俱不遵次第连合成三语句之规式六款也，即因有一语句恒为反面，而其断定语仍为正面，核之规式第六款不符也。

一百零三节

讲辨学之数部书中，有云："分歧口头之语句，指侧重之一为是时，余必指为非。"伊等譬谓："柴薪之质料，既属非炭气即轻气，凡炭质成之薪，非轻气所成。"所言即不为的确语也，实缘柴薪中十之九几均为此二品质物合成，不能于二处分论耳。再者船，既或为篷船，或为桨船，或为轮船；如有人于用火行之轮船，推为非篷船、非桨船，其言仍不恰确。盖轮船于可获顺利时，或不得已时，亦率用篷帆也。著作书者，或为读书人，或为居官人，或为僧道，或为经理贸易人。不能因其为著书之读书人，即谓其不居官，不为僧道。大抵于多端侧重中，指一为是之后，于其余指为非时，亦止于不能同于一时均为是指之也。

第十四章　推阐简便款式

一百零四节

有一简便款式，可试明若许辨论语句之是否适当，即多端未归于辨学书各等款式下之辨论语，亦可叙明其如何。凡二界语之意相同者，此界语为是之诸情节，在彼界语亦为是，意之相同与否，只以所载列者为确耳。复易一论道法言之，凡余等遇二界语，知所指为相同物时，可任便用此语代彼语，用彼语代此语也[1]。如云：

马为牲畜中之一种；
因知马头为牲畜一种之头。

此等辨论语不能归入次第连合成之三语句规式下，即以二语句内有四界语也，“马”为一界语，“牲畜中之一种”为一界语，“马头”为一界语，“牲畜一种之头”亦为一界语。如代马而易以牲畜之一种，入于本节所言之

[1] 即在一推论中，如果发现两个项所指的对象相同或所表达的意思相同时，则可以在这两个项之间作任意调换，所得结论不变。原文：We may always substitute one term for another if we know that they refer to exactly the same things。此处所言之辨论即称为“三段论的省略式”。

款式中，均无不可者，而如是可解明之辨论语，亦至不乏矣。如云：

白银为金品，
因知银之一片为金品之一片。

且可如是言之：

家中喂养之各牲畜，俱属能觉疼痛饥渴者，
因知以残酷待牲畜，即以残酷待能觉疼痛饥渴之物。

一百零五节

不第此也。如云“黑面国民，亦与余等同为人”，若此之一正面语句，乃为包括至尽头处者，但不能颠倒而将与“余等同为人”之一语，改为“黑面国民”也，实缘世间有若许不黑面之人耳。譬云“以手挞黑面国之民，即为以手挞与余同为人者”，此言于理甚合，如颠倒言之，谓“挞与余同为人之人，即为挞黑面国民”，乃于理大不合也。因黑面国民，只为人中之数分，未尝包括至于尽头处耳。别有一类语句，其专重语、申明语所指之物数相同，所有物中之一切情节亦恒相同（见上文六十九节）。设谓“对面平行边之四边形，均为对面角相等之四边平面形者”，即此可知于四边形有之无论何一情节，于对面角相等之四边形者，亦皆相同也；且于对面角四边形者中所有之一应理，与四边形中亦无异，凡对面角不相等之四边形，不能为平行边之四边形耳。至语句中之界语均为专界语时，此理更明显。如云："月为附近地球之星，凡属附近地球星之理，即月言之亦如是；凡属于月之各理，即附近地球之星言之，亦莫不如是也。"照依余等所素知者，月面无风气套[1]包裹，亦无海洋，因知附近地球之星，亦均无风气套、无海洋也。

一百零六节

凡论诸物之多寡、阔狭[2]、长短若干，辨论语中以此数代彼数，亦无所异。如伦敦城中韦斯珉德大堂[3]，长非五十丈有五尺[4]乎？举凡言五十丈五尺长之无论何情节得为是者，即韦斯珉德大堂长言之亦得为是；而千德贝利会堂之长，较上言之数多九尺，为五十一丈四尺，因知此堂较韦斯珉德大堂长九尺矣。复有一式：伯利斯多城[5]，

[1] 风气套，原文Atomsphere，即大气层。

[2] 阔狭，含义有四：1. 宽窄或距离的远近。《史记·天官书》："大小有差，阔狭有常。"2. 疏密。《史记·李将军列传》："广讷口少言，与人居则画地为军陈，射阔狭以饮。"3. 缓急，宽严。《汉书·儿宽传》："宽表奏开六辅渠，定水令以广溉田，收租税，时裁阔狭，与民相假贷，以故租多不入。"4. 指虚实、强弱等具体情况。《三国志·吴志·陆逊传》："（诸葛瑾）书与逊云：'大驾已旋，贼得韩扁，具知吾阔狭。且水干，宜当急去。'"本文此处取第一义。

[3] 韦斯珉德大堂，Westminster Abbey，今译"威斯敏斯特大教堂"，通称"威斯敏斯特修道院"，亦译为"西敏寺"，坐落在伦敦泰晤士河北岸。原是天主教本笃会隐修院，建于960年。威斯敏斯特大教堂在1540年英王创建圣公会之前，一直是天主教本笃会教堂，之后，为圣公会教堂。

[4] 丈和尺均为中国古代长度单位，1丈约合3. 3米，1尺约合33. 3厘米。

[5] 伯利斯多城，Bristol，今译"布里斯托尔"，英国西部港口城市，该城在工业革命前为英国主要城市，后渐衰落。

第一大堂之阔，与巴德城[1]第一大堂相等；因知即阔狭而论，可任便以伯城中大堂之阔代巴城者用，或以巴城中大堂之阔代伯城者用也。譬云：

某地一桥梁，较伯城第一大堂犹狭一丈；
因知其较巴城第一大堂亦狭一丈矣。

更易一式："某博物院之阔狭，适与伯城大堂相等。"将巴城之大堂，代伯城大堂，归入语句中，即可如是言之："某博物院，恰与巴城之会堂阔狭相等也。"

一百零七节

余等详细究察乎辨论之语，每察得辨论之事，即以此物或此界语代余等所深知与此物界语有数种形势恰相等之他物他界语用也。余等取用相若之事物界语，犹如造一桥梁，由此岸渡至彼岸然，所知之事乃更多一层。辨论语之基，即肇于代此物用相似之彼物，由此处向相似之彼处进步[2]也；中界语殆同于中间人，余等藉此中间人，推知某此物之若何，即与按类推知某他物之若何无异；惟所推知者，有确有不确，见其实属相似，则所推知为确矣。设止为近似，或余等信其实相似，或度其必相似，则所推知者为不确矣，谓之为或属如是则可耳。

[1] 巴德城，Bath，今译"巴斯"，英国城市，位于英格兰埃文郡东部，是英国唯一列入世界文化遗产的城市，距伦敦约100英里，位于布里斯托尔东南21千米处。
[2] 进步，即推论。

第十五章　藉物察理之辨论

一百零八节

是节之前，书中论列者，均为究察如何可将所谓首出语、次出语者之意，归于断定语句中，犹未体察以何法可确知语句中之意真焉否耶。所业察得者，在此一语句意真时，推移至有何他一语句意亦无不真耳。凡前此之辨论语，俱为由凭理度物来者，开端于首出、此出语句，推及于断定语句处。于凭理度物之道，明晓何以推至极的确，固为最紧要者，惟即物察理一节，似尤切要。世间环绕乎余躬之物，所有供应之一切实事，余等非藉此法，胡能察得其内所藏之各种理也？

一百零九节

独辨论语中，无何教导于余等，乃易于视出者，缘辨论而有首出、次出语时，只明示存于其中之一断定语句，无何新理也。如于首出、次出之语句中，既不能得新理，试问申明出新理之语句，果可由何而得，于己身之前后左右，目所睹耳所闻之一切事物，揣摩推测，可知其实为何事何物。设欲知极微细之水点，映于光中，均为透白者，不得不观夫余等所深知为极微细水点凝合成之云，并瀑布分飞之细水点，与水气，并雾，视之即知矣。余等意欲增益知识，不外是法也。独堪异者，即畴昔[1]诸人，不若是措辨，而误会此意耳。往古之人，以为止用首出、次出之语句，推阐出断定语之法，于所应知之诸事，即无不可得矣。伊时人民不欲用己之耳目，依恃希腊国古人阿斯多底利所言而留遗者即足，辨学中之完全三语句，不第为分辨时应用，兼可为有大能之利器也，人亦奚必他求哉？

一百一十节

开首创新学者，应推英国人罗支贝根[2]，即其在俄斯弗德牛津书院[3]充格致学教习之日，适在中国南宋宁宗嘉定年[4]至元世祖至元年[5]也。当乎彼时，泰西诸国，创兴检察事物法，以明事物理者，即罗支贝根一人也，躬亲究察出格致学

[1] 畴昔，含义有二：1. 往昔，日前，以前；往事。语出《礼记·檀弓上》："予畴昔之夜，梦坐奠于两楹之间。夫明王不兴，而天下其孰能宗予？予殆将死也。盖寝疾七日而殁。" 2. 指往事或以往的情怀。见《北史·郎茂传》："及隋文为丞相，以书召之，言及畴昔，甚欢。" 文中取第一义。

[2] 罗支贝根，今译"罗吉尔·培根"（Roger Bacon，1214—1293），天主教方济格会修士，英国著名的唯名论者，唯物主义的哲学家和自然科学家，实验科学的前驱；具有广博的知识，素有"奇异的博士"之称；主要著作有《大著作》《小著作》和《第三部著作》《哲学研究纲要》等。

[3] 俄斯弗德牛津书院，University of Oxford，即牛津大学。罗吉尔·培根于1230年左右入牛津大学学习几何、算术、音乐、天文四个高级学科，毕业后任教于该校。

[4] 宋宁宗，赵扩（1168—1224，1194—1224年在位），宋朝第十三位、南宋第四位皇帝。嘉定，即宋宁宗年号，1208—1224年。

[5] 元世祖，孛儿只斤·忽必烈（1215—1294，1260—1294年在位），蒙古族，政治家、军事家。1271年定国号为元，迁都北京，1279年灭南宋残余势力，统一全国。至元，元世祖年号，1264—1294年。

中最奇异之数端理。历三百年后，前明[1]将终时，意、法、德、英四国，挺[2]生出多位著名大家，独推加利略[3]为最，伊等均以耳，以目，以各种器具，得知多端实事，即多端实事由渐穷究出极多要理。溯乎加利略等未生之先，聪明才智高者，俱以为大物就地落去，较小物迅速，缘阿斯多底利曾有是语也。加利略尝同其戚友等，至比撒[4]城中端向旁斜之高台榭验视，将轻重不等之大小二石，同时分放之下，亦同时分及地，即知阿斯多底利所言有误矣[5]。以加利略亲身尝试察看，为后人立之法也。自是而后，他人均则而效之，凡察验得确者方谓之知，未尝察验者，不敢谓之知。于得一理时，即援事物究察以证明所言之理不误。泰西各国格致家，所得知多端极要之新理，俱由此新法中生来也。

一百一十一节

前明之际，英国尚书[6]贝根氏，名法兰西者[7]，生于

---

[1] 前明，即明朝（1368—1644年），因明朝在清朝之前，故称“前明”。

[2] 疑为错讹，当为“诞”字。

[3] 加利略，今译“伽利略”（Galileo Galilei，1564—1642），意大利数学家、物理学家、天文学家，科学革命的先驱。伽利略发明了摆针和温度计，且是用望远镜观测天体的第一人，在科学上为人类作出过巨大贡献，是近代实验科学的奠基人之一。

[4] 比撒，即Pisa，今译“比萨”，意大利历史名城。

[5] 该处所言即伽利略比萨斜塔实验。

[6] 尚书，中国古代官名，为帝制时代政府高官的统称。始设于秦，西汉沿袭之，本为少府属官，品秩较低；东汉时，刘秀提升其职权，以平分相权，且直接对皇帝负责，成为实际的宰相；魏晋以后，职权膨胀；唐初，李世民曾兼任尚书令，称帝后即于其下设左右仆射，以分其权；宋代亲王兼领尚书衔，班次在太师之上，为虚职；明废之；到清代，六部及理藩院官员首脑被称为尚书。

[7] 即本书二节所言弗兰西斯·培根。培根为第一代圣阿尔本子爵（1st Viscount Alban），曾任英国女王特别法律顾问及朝廷首席检察官，职权类似中国古代尚书，故艾约瑟以“尚书”对译之。

嘉靖[1]时，卒于天启[2]时。人多推彼为开创即物察理学门路之祖，谓格致学近今考究得真正之法，为彼创立者。彼之心思智虑，十分精明，极堪为格致中之头等大家，可奉为据者，有彼所著极显名之书，即《格物察理新范》[3]也。是书之着力处，即在指明人应究察诸物，搜罗多端实事实物，便于由其中渐探索出多端至理。书中语亦足证其欲知后世人遵是法，必推究得于人有大益之诸道耳。第有人误以为贝根氏，尽晓夫加利略等著名格致家，穷究出事物蕴藏之理，所用凭事物察理法者，讵知贝根氏于伊等所用之检察诸法，尚未明白深透也。贝根不惟不能以己书中所著之法体察出新理，并他人推察出之新理，亦有彼不视为诚是者，如哥伯尼[4]于天文，察出日居正中不动，地与诸行星俱环绕旋行于外，哥伯尼乃波兰国人也。复有英国人基勒伯德[5]，于相距无多时日之先，察出吸铁石中数端要理。贝根氏均未参透，亦因凡有探出之新理，当代人多不佩服，必历一二代得有征方信之也。由是观之，格致学中，记载贝根氏讲论格致之理，谓其于凭物察理法已有力勉人则可，谓其未著格致新范书之先，人不明即物察理之法不可也。追溯乎首创即物察理法之人，舍上节言之罗支

[1] 嘉靖，明世宗朱厚熜（1507—1567，1521—1567年在位）年号。

[2] 天启，明熹宗朱由校（1605—1627，1620—1627年在位）年号。

[3] 《格物察理新范》，即*Novum Organum*（拉丁语书名），*New Instrument*，今译《新工具》，该书主要讲述逻辑学方法，即归纳法。

[4] 哥伯尼，今译“哥白尼”（Copernicus，1473—1543），是文艺复兴时期的波兰天文学家、数学家、教会法博士、神父；于《天体运行论》一书中提出了日心说，更正了人们的宇宙观。

[5] 基勒伯德，今译“吉尔伯特”（William Gilbert，1544—1603），英国著名的医生、物理学家；主要著作《论磁》，开创了电学和磁学的近代研究。

贝根，其谁归哉？

一百一十二节

设问何为即物察理之辨学所求者，可如是答之：即于所搜取之实物实事中，体察出其内藏之理时，以何辨论法得当也，是即所谓凭事察理之法。且是法即伊古来格致诸大家，藉陈事推出新理者，统观之可分为四部[1]。

一百一十三节

居首之一部位，即欲考求一段理，将与之连而切近之无论有何名物实事，俱探讨而知之真切，亦属非第按部就班设法寻求尝试得，兼可恍然悟得也。惟如是得知之实在情节，不得以格致学观，以其情节散乱无章，不遵次序，难凭之脱化而悟出他等事实之意，并不能俾余等于未加验试时，先视出其所真应有之情节，若等知识，为仅藉耳目手足于尝试物时所报知者耳。

一百一十四节

第二部位，即论所得来之实事也。辨论之式，即从心悬拟出尚未定准其是非之若干理。如是为之，可权为悬揣出可包数端事之一理，或一论说，以判清其能否为与实事相符之公理耳。至于兹时，余等可知凭理度事物之推阐法

[1] 部，应为“步”，即步骤。

为至要矣，缘有此理与说时，止藉是推阐法，能知其相继而必有所关涉之各事理如何也，而第三部位即跟踪起矣。

一百一十五节

第三部位，即用次第连合成之三语句式，或用他等凭理度事物之辨论式，于权立之拟议理诚为是时，推阐出相继而必有与此理相关之实事也。

一百一十六节

至第四部位，则将推察出之诸理，一一与初时所援取之实事互较矣；或别设数端测验之法，试验出若许前未考知之实事，复加一番校勘，以便知其所悬拟之说，与实事合焉与否。实属如是，即视为如是而已；倘所推察得之理，与所查验之事实，有数处不合，可度得所悬拟之理有失误，应重新辟一理悬拟之，以冀其合于事实，时或见悬拟之理，无甚异于事实，则必少易悬拟之说矣。

一百一十七节

无论于何局度得出悬拟之理，视其似与所得之数端实事相符，决不可遽持定此理为是也。应屡易多端局度，推测阐发出多端理。既得所推阐出之诸理，欲将实事证明之，即取身之前后左右，供应耳目口鼻事物之实在情形，与之对较耳。奉此法为式，果将所悬拟之说证明诚真，即几至确为是之地步矣。譬犹能凭悬拟之说，预知推察出不易知、不易信之数事得有征验，亦可持定所悬拟之说为是矣。

一百一十八节

由是观之，辨学内即物察理局度中之四部位，可如是分列：

一预为究察实事；
一创成悬拟之说；
一凭理推阐诸事；
一征验所推诸理。

至于兹时，可设若许譬喻，以证明究察物之实在性情形势，必依上所言之四部位摩拟[1]也。更以之证明论及诸事诸物，实依其四部位，可推出若干无不合之理耳。

一百一十九节

畴昔数百年间，人多理会得透显于山石面者，有似活动物之昆虫与螺蛤等壳迹，并植物迹，第过于离奇，不易解说其与动物、植物缘何相似也。虽属偶遇之事，而留心事物者，不能不臆度立为数说，以解明其缘何有若等形迹矣。惟臆断之说，均不相同。盛称于泰西诸国者，即挪亚[2]时洪水

[1] 摩拟，同“模拟”。
[2] 挪亚，《圣经·旧约》人物，见《圣经·创世纪》第六章，其时上帝用洪水灭绝世界，唯挪亚一家及其所带动物赖方舟庇佑，得免于难，故书中有此言。

将淹毙于内之飞禽走兽等诸动物，并各他物同螺蛤等，浸淫于水中，浮沉来去，及水涸尽，动植物体遂留遗于平地面，并高山面，历时既久，于石中止见其物之迹耳。复有法国名著才高之人，呼为缚代耳[1]者，谓阿勒比山中之物壳等迹，必为数百年前，或千年前，拜救主墓之人[2]，并他等客人，行经其山路时，坠弃之物，久而化成者。别有一更似近情之臆说，谓各等奇形怪状，由于天生，近似禽兽草木之形迹，尽由于偶成者，犹如户牖玻璃面，冬令凝结之冰凌，有树生千百枝条之式然。更有一说，为石中物迹，实为古昔数万年，或数百万年，诸多活动死躯，偃卧于泥沙处，为后淤之泥沙所掩覆，年深日久，物与泥沙，由渐坚硬而合为石。斯时之格致家，均以此末一说为是也。所用以推阐藉证之式，俱如上文所言，步继一步之始得此定论耳。

一百二十节

自有此各等悬拟之说，不能已于辨驳论议矣，试徐

[1] 缚代耳，今译“伏尔泰”（Voltaire，1694—1778），法国启蒙思想家、文学家、哲学家、著名学者、作家；是18世纪法国资产阶级启蒙运动的泰斗，被誉为“法兰西思想之王”“法兰西最优秀的诗人”“欧洲的良心”。主张开明的君主政治，强调自由、平等和博爱。代表作《哲学通信》《形而上学论》《路易十四时代》《老实人》等。

[2] 拜救主墓之人，指前往耶路撒冷朝拜耶稣墓的基督徒。耶稣墓，为基督徒朝圣地之一。据《圣经》记载，耶稣被钉十字架死后，由敬仰耶稣的贵族约瑟夫将自己的墓地捐献出来，埋葬耶稣；第三天，耶稣死而复活，故而耶稣墓成为基督徒的圣地（见《圣经·新约·马太福音》第27章57节至28章12节）。耶稣墓原是一个石洞，十分狭小，不足2米宽。4世纪初，罗马君士坦丁大帝的母亲希拉娜太后巡游至耶路撒冷，下令在耶稣蒙难和埋葬处，建造一座教堂，即后来的圣墓大教堂。中经战火毁灭复建，今日依旧保存，为耶路撒冷著名景点之一。

为言之。倘物迹实为挪亚时洪水所留遗也，应俱存于山面，或距山面非遥处，顾何以视乎物迹，多在矿窑中，并极厚之石层中，洪水所不能浸渍到之处也，因知是说不稳妥耳。果如缚代耳之说，物迹为拜救主墓人，并行路他客旅遗弃之物，胡为其有于伊古来人迹罕到之处也，北寒道中，去北极不远处，并地壳之极深处，举有物迹，可知是说亦不稳妥矣。至奇形怪状为自然天生之说，尤难质证其非，诚以人时常将石中所有近似禽兽草木之异状非真物迹者，误视谓为物迹也。止可如是论解之，设石中之无数活物形状，俱为偶成，试询以胡为不偶成死物形状？何以于石中不能觅得书册迹、茶壶迹、桌椅等迹？据自然天生怪状之说论之，并无石中有活动物迹，强似有人手所造物迹之理也，是以奇异形状为自然天生之说亦不妥耳。

一百二十一节

上文臆断之末一说，即言有不可胜数之动植物，于前此数万年时存活，及死，埋没于泥沙层中，淤沉于湖底、海底、江河底。此一论说，实能释明多端他等不易解之疑案，如：地壳内极深处、极重之数层石下，何以有蕴藏之物迹；何以于上下数百万年，层继一层递加于上者中，成诸多层式，亦无不可明晰者也。且可如是论解，斯世动物埋厝[1]土内，余等均知其肉与各体之质软者，必迅速朽烂，逾百年后，止余骨并牙，以及体中质硬之物也。倘前此数百万年中，果有体中有骨之动物在地下，质硬骨理应存留，质软物理宜不见。据余等所目睹者

[1] 埋厝，即埋葬。

言之，现寓于石中人所取出者，有若许不与兹时世间存之动物形状同之骨体迹，而无肉与软物也，且有甲介类[1]之螺蛤等类壳，并鳞虫之硬鳞，以及古树皮，物迹之大略，大抵为能久存之物耳，更有时并动物之骨亦朽腐尽，余者止有牙，因牙骨较他骨质益坚，尤不易于腐烂也。

一百二十二节

复有言所未尽者，设甲介类躯，存聚泥土中后，相继而有极重之石压于上，亦应将甲介类壳，压至极薄地步。据所见者而言，各种物迹壳，实属薄扁而碎，同于大受压挤者也；且煤窑中见之树株根干，均无圆形，而有压挤稍平之状。以若是论说，并他等相类之若许说，适堪证明前数万年时，倘实有动植物生活世间，所存余未泯之实在形迹，极应似兹时山石中所见者也。是以决不允其余之三臆说为合于事理，取实与事实相合之末一解说为是矣。

一百二十三节

万物互相摄引[2]，乃格致家伊古来究察出诸理中之极紧要者，所备细开载[3]，即空中诸物，皆互相即就，且即

[1] 甲介类，原文shell-fish，今译“贝类”。

[2] 万物互相摄引，原文Law of Gravity，今译“万有引力定律”，牛顿发现之，具体表述为：任意两个质点有通过连心线方向上的力相互吸引；该引力大小与它们质量的乘积成正比，与它们距离的平方成反比，与两物体的化学组成和其间介质种类无关。

[3] 备细开载，即详细陈述、表达。

就之力，俱以物体大小、相距远近为率也。他人凭俗见论道，谓诸物向地坠落之情形，用辨学法证明，为无用之赘事，究乎其故，实缘无论将一块石、一册书、一枚铜钱、一根毛羽，向天空抛去，均必或迟或速之向地就落耳。往古希腊国人，有留心于是事者，可料得畴昔埃及并他国之精明人，亦明晓此事。第有一种情节，即物不皆向地落也，火焰并烧木炭时，所出之烟以及云，与行空中之水泡，举为由下上腾，从不就落地者，亦或有他物能如是。希腊国格致学中第一大家阿斯多底利，推察庶物而有心得，谓有物按本性重，俱向地降落，亦有物按本性轻，向空飞升。第迩来二百年时，英国名家奈端[1]，始发明万物均有就地之势，未尝有按性欲上升之物，此物皆就地之说，较轻物上升重物下就之说尤当。实缘此理，不惟可讲明火烟上腾，并他物等上升；即日月星行于天空为如何，亦可讲明。如将一斤重之法马[2]，置于天平一端盘内，彼端盘内置重半斤之法马，二盘乃一上举一下垂，半斤重法马端上举，非自具有上举之性也，因彼端之法马较重，横杆中间有所悬系，此半斤法马轻端，不得不上举耳。更有同于是者，设火焰与烟为轻于风气之物，风气决可将其拖起，如树皮之浮于水面然。由是而凭理推揣之，乃知人所视为喜于上升之物，据实而论，犹有下沉而就地之性也，

[1] 奈端，即艾萨克·牛顿（Isaac Newton，1643—1727），英国皇家学会会长，著名物理学家、数学家，是万有引力定律和三大运动定律的发现者，微积分的创立者，发明三棱镜和反射望远镜，证实了开普勒行星运行定律，并确立了金本位制度，被称为“百科全书式全才”，主要著作有《自然哲学的数学原理》《光学》。

[2] 法马，即砝码，天平上作为质量标准的物体，通常为金属块或金属片，用作称量较精准的质量。

其所以逆就地本性向空升腾，缘有他物牵之使去耳。

一百二十四节

奈端复有如下言之辨论，伊云万物苟均有互相即就之势也，万物应俱就向地球去矣；月亦在物中也，遵次第连合成三语句之辨论式言之，月亦应来就地，还叩[1]以月缘何不来就地，缘何限二十九日随地绕行一周？伊精心紬绎[2]，遂忆及月如不为地所摄引，应依轮旋急速之机弦[3]射石势，从直方向向远行去矣，诚以行动之物，非有力牵引之更移方向，均必依直线行去也。物既均如是行动。据理而论，月行轨道，可视为恒有就地势矣，是以使月恒有就地之势，即牵制月体不令其离地顺直线行往他处之力也。奈端以极微细之算术，并极通达之辨论，发明万物互相摄引之力，倘实与其心所悬拟者相同，必令月恒常绕地运行；伊并证明万物有互相摄引之力，果属无误，行星亦必按其实行之轨道绕日，伊并于行星与附随行星之诸小月，环行来去，迟速明暗，不易讲解之事中，而解明者不乏。更于彗星中，他人所俱视为行动来去紊乱无次序者，伊解明彗星行于极扁长之轨道，实为其凭万物互摄之力所应行者；海水潮涨，亦属日月摄引力或合或分而生。如彼所谓

[1] 叩，即询问、打听。还叩，即反问、疑问。

[2] 紬绎，原意为引出端绪、理出头绪，引申为阐述、推理。语出《汉书·谷永传》：“燕见紬绎，以求咎愆。”

[3] 机弦，是《圣经》中记载的牧羊人使用的工具，同时也是士兵的一种武器，由一个兜子，两端上面连接绳子而组成。使用时，把石子或者土块放在兜子里面，一根绳子缠绕在手上，另一根绳子用拇指和食指捏住，然后旋转兜子，最后松开拇指和食指，依靠转动时产生的离心力把物体打飞出去。

万物互摄之说，先只虚拟悬揣，继乃得有确据，为与各种实事恰相吻合者矣。余等不能不钦佩其理为是也，是即所谓格致学中不移之定理耳。设有人问何为不移之定理，可答以推测臆度而得有确据者即是。

一百二十五节

有时格致家所拟议之二三理，均似与实事相合，而为彼此大不相同者，殊令余等心怀犹疑，选择一有定者不易也。在英人奈端初将万物互摄理道出之先，有法国著名士子，名戴加德[1]者，拟议出未足为定之说，以解明日月星行于轨道之式。伊云：日月行星，俱行于旋流式之一大涡中，并言行星绕日环转，遵一方向，与回旋水之内外重重绕流一大涡中无异。伊云：附随木星之诸小行星，即彼时加利略以所造之远镜创见者，亦如是之回旋流行于以木星为中心之涡内。缘此，有多人均以戴加德之说为有凭不误者矣。第奈端所言万物互摄之理，亦能解明上言之多端实事，是以难决定何一说较优也。实因戴加德言之理，清简易明；奈端言之理，解明实事尤多，更为从详之确据耳。

譬犹余等悬拟出有尚未决定从违、未知于情理合否之二说，应考究出一与此相符、与彼不符之情节也。缘如是经理，即凭藉实事以定其是非耳。奈端言彗星行走，与戴

[1] 戴加德，即笛卡尔（Descartes，1596—1650），法国著名的哲学家、物理学家、数学家。因将几何坐标体系公式化而被认为是“解析几何之父”；与弗兰西斯·培根一同开启了近代西方哲学的“认识论”转向；名言为“我思故我在”，亦因此提出了“普遍怀疑”的主张，是欧洲近代哲学的奠基人之一，黑格尔称他为“近代哲学之父”。

加德所言同如回流涡旋之说大不合也，伊言彗星乃横经日外之大涡，不与按旋涡势绕日外之诸行星行动式同，而彗星经过伊所言之木星涡时，旋行之势，则同如无旋流之涡然。至今天文家测之，知用各方向绕日行之彗星数极多，按戴加德之说，应每彗星各有一涡也，惟于日之四周行星环绕盘旋，止能有回旋之一大涡式，是以戴加德之说不能解明彗星行其轨道之理。则且还而论之，即人随时所见彗星行于其轨道势观之，无不与奈端所言万物互摄之理相合也。

一百二十六节

凡有如上文所言彗星行动之情事，能令余等于所拟议未指定之数端理中，取其一而舍其他。若等情事，可名之为指定从违情节[1]，如指明路之或木杆或石椿[2]然。余等所恒用之尝试测验法，以证明何拟议之理为有准，何拟议之理为无准者，可呼之为决明悬揣是非法[3]。

[1] 指定从违情节，原文crucial instance，即决定性事例。

[2] 石椿，亦称“石臼”，是人类以各种石材制造的，用以砸、捣，研磨药材食品等的生产工具。然此句意思为某种指路的东西，或是由于一般石臼放置村中某处而有某种指路作用，而艾约瑟如是言之。

[3] 决明悬揣是非法，原文experimentum crucis，即事实验证。

第十六章　常言[1]中凭事察理之辨论

一百二十七节

上节所言，暂奉悬揣未决之理为依据，以证其是否与实事相符之法，不惟于格致中用之也，平素语言，人于辨论时，亦恒用此悬揣法，遵依即物察理之四部位，先预为究察实事，继创成悬拟之说，更凭理推阐诸事，末证验所推诸理，曾于数秒钟顷，转换用此四部。譬犹登临街楼，开轩向街眺望，见车马来往之石路滑湿，不似前一点钟顷之干，心中自必推求其干忽变湿之故，遂起数端悬揣逆料[2]，其为降一阵淋漓雨耶？抑为水车行其途泄漏耶？或有人将水泼于其处也？抑有人将埋藏地下之水管，开一机关，使管水喷出耶？倏忽之间，心中藉凭理度事之法，推阐出数端事理，如谓其为水车泄漏水也，滑湿应在正中车马行之路，不应在道左人行之路；如谓为阵雨淋湿也，无论马行之路、人行之路，应俱湿，既视道左人行之路未尝湿矣，可断以非雨所淋漓；举首望天，晴无片云，断非雨过淋漓，殆实为水车泄漏也；倘见其路间滑湿式，为阔相等之平行长片，即可决定其实为水车行时所泄漏耳。

[1] 常言，原文ordinary life，即日常生活。

[2] 逆料，指预料、预测。见诸葛亮《后出师表》：“凡事如此，难可逆料。”

一百二十八节

承审官断定罪案，亦不外乎是法。譬云：夜间盗贼进院，抢去物件，失主报知捕盗，巡捕亲来验盗，乃第一进步法也。巡捕在院细验时，知盗贼进院，为遵盗窃行中机变灵巧法，一时默想及多端不敢遽定之头绪，即揣度未收入狱，在本地之数盗贼中，逆揣其何一人惯用是法盗窃，是乃第二进步法也。更问左右邻居，贼进院盗窃之夜，曾见有何貌相踪迹之人，设与其心所猜疑者相似，即可直至其处，将其人拿获矣。缘其所揣度逆料者，得有数分确据也，巡捕入盗贼之室，果见有贼可藉以入院进物之器具，即可指其人实为盗窃之贼矣。第证佐犹未为足也，宜将其撬门之器具，与是夜失盗主门上所遗之踪影对较，是即凭理度事之推阐法，乃进步之第三法也。将其器具取至房门边试较，果其门上踪影之大小，适与器具相符，即得凿凿确据，而有末尾之四法矣。

一百二十九节

近今以来，英国有一著名巨案，即罗支低支波一案也，乃为于犯人供有所疑，伊古来悬搁时日最久，极详细核夺之案。按辨学分论，所遥度[1]悬拟二说中之一，即罗支低支波

[1] 遥度，含义有二：1. 犹远渡。唐李虞仲《初日照凤楼》：“户牖仙山近，轩楹凤翼舒。还如王母过，遥度五云车。”2. 谓在远处规划或推测。宋苏辙《三论渠阳边事札子》：“此可使智者临事制置，难以遥度也。”文中取第二义。

其人也。低支波，原为英国世袭都尉[1]，相传久死于外国。多人以为，因案收于狱之胖壮汉实为彼，或有人视为屠夫亚都俄耳顿冒充；于訉[2]究后如仍有人以犯人为世袭都尉，伊等实属不晓辨学为何，并不能晓确据凭证为何也。兼有低支波之母，于巴黎城见其人时，亦曾明认其实为多年不见之子。且有低支波前居武官时，相与为友之武官数员，亦认现犯事者，确为世袭都尉。缘此，遂有多人视彼实系低支波也。第亦有多人，按英国旧风，执《圣经》为证，谓犯此案之人，决非世袭都尉某；更有数人谓，犯此案之人，实为屠夫俄耳顿。此等可有误认之案情，原难断定，历年既多，其人容貌更变者必不乏；作证之语，两歧者既如是极多。承审人分判，有一至妥妙法，即将真世袭都尉所实有之诸多情事，并身中有何号志，一一据实讯问研诘，无难究出犯罪人，果否为世袭都尉，而得定评铁案矣。此等明暗旁证，逐一俱援之详细质对，欲明其实为何人，惟在此旁面视为无关紧要之小节耳，他人视为不足重轻者，实为案中之要据。因冒充之人，忆不及若等细事也。犯罪人于其不宜忘、不易忘之事，多所不晓，如其母之名讳为何，并其居武职时，所属营号为何，以及由英国外出所乘船为何名。此等不宜忘之事，犯人俱不知。且于法国语俱不晓，世袭都尉自幼在法读书，深明法语，犯人仅能略道西班雅[3]语，以其曾在西班雅人居之南美洲地，住不多日而学得也。世袭都尉幼年读书，

[1] 都尉，秦汉时代中高级武官，最早出现于战国后期。《史记·白起王翦列传》："荆人因随之，三日三夜不顿舍，大破李信军，入两壁，杀七都尉，秦军走。"

[2] 訉，同"凡"。

[3] 西班雅，今译"西班牙"（Spain）；下文所言西班牙居南美洲地，即指西班牙在南美洲的殖民地。

曾习拉丁语，犯人不能辨清何为拉丁语、何为希腊语也。

一百三十节

辨学遥度悬拟二说之第二，即犯人为俄耳顿，与是说符者，有若许细小情节，如犯人自谓曾患鹅爪疯[1]，惟俄耳顿尝患是症，世袭都尉未尝有是症；彼之日记中并遗书（泰西国俗：有家产者，俱于未死之先写成遗书，便于死后遵其遗书中语析分其产业）中，提及有数人，实为俄耳顿所识，非世袭都尉所识，且于世袭都尉之土田，全然不晓，毫不记忆。犯人自言由英国外出时，所乘之船名热西米勒；然曾有人寻得确据，是船实为俄耳顿离英国出外时所乘坐者，至其回归英国时，一往直前之赴伦敦城中，名瓦并之一处，访问前时在彼居住之屠夫，近况奚若[2]，虽未言己曾为屠夫，余等揣其如是举动，即屠夫也。此出名巨案，曾经取为证之情节极多，非此处所可道尽，不过摘引其数端而已。分观其无关紧要之小节，似不足为证，惟将多端情事纠集会聚起，堪为确实大证。一条细麻丝不能提重，大众不尽知乎？将数十条麻丝合成缕，复用数缕拧成细绳，更用数细绳合成大绳，终以数大绳制成巨缆，乃有大力，可挽举极重物不断矣。于此案犯人，欲证明所悬揣之二说何一说为是，虽无亲目睹之确证，有此多端小节旁证累积，亦可谓同于亲目睹之确证也。

---

[1] 鹅爪疯，医学病理名称，因其手部粗糙干裂如鹅掌而得名，现代医学称之为“手癣”，因手部遭浅表真菌侵袭致病。

[2] 奚若，犹奚如，何如。语出《礼记·檀弓下》：“岁旱，穆公召县子而问然，曰：‘天久不雨，吾欲暴尪而奚若？’”

第十七章　检察验试

一百三十一节

余等藉外间诸事物寻求真理，乃有二法：一检察，一验试也。首一法乃止用检察，即无事于何等举动，静以耳目观听其情形如何也。余等见潮水之涨落，每日于潮涨至高之时分，而详细注记，可知其次日较今日约迟三刻；再检察夫潮涨绝高在何时日，即知初一日、十五日，乃潮水度最高，呼之为大汛时也。凡此等事，并与此相类之各等情事，迥非余等所能经理节制者，如日月星辰之运行，天气有阴晴风雨晦明之变，以及地震与火山崩裂喷石，并流星飞行等情事，俱余等不能经理节制者也。缘此，亦惟有勤加访询，以耳闻目视之若等检察而已。

一百三十二节

设得有机会，应谨慎立验试之法。遇有各等实事物于此，欲察出其实在情形，即将实事实物胪列[1]一处，视

[1] 胪列，含义有二：1. 罗列、列举。明陈恂《馀庵杂录》卷下："毅宗即位，首诛魏忠贤、客氏，崔呈秀等朝疏，请胪列媚党诸奸状。"2. 陈列。清褚人获《坚瓠十集·真若虚传》："山珍海错，纷然胪列。"

其有与前不同之何情节也。余等凡有验试诸物，不免于其物中加以阻挠节制之举动，亦以余等赖是举动以观其物有何转变耳，所谓验试与检察不同者，即此也。验试为于所检察之事物多增一重经理节制，遂较专恃检察而得二利益矣。

一百三十三节

验试而得之第一利益，即加验试法于事物，其真情形益能详细确知也。第用耳目并各器具检察，不设法验试，所知犹觉粗略，未尝得其深奥。譬犹专化学之格致家，欲亲目得见人与动物经炭养气[1]入肺时，有若何举动效验，设仅凭耳目之检察，不得不俟有一动物误入盈满炭养气之室或井或他处。第是事从不多见，纵有动物入于似炭养气盈满之处，亦难禁有炭强气[2]掺入，而二气于动物身中功用，或迥不同，格致家未得确知其实为何气耳。倘易用试验之法，所欲知者，庶可早得。应将纯洁毫不杂他气之炭养气，盛满琉璃器中，继寻一鼠投入，细视其情形何若。缘鼠常经人击死，兼有他动物特伺捕捉，化学家增益格致学术，致死一二鼠，甚无关碍也，与无故伤他活物性命不同。因伤害一二鼠，能得出于人与物大有用之理，万无不可者耳。炭养二质数等合成之气，费无多价，可赖以暖室燃灯，惟恐气偶泄出，使多人气闷死。余等犹不知其气于使人们闷闭有若何大害处，设取法验试，决可得知也。

[1] 炭养气，原文carbonic oxide gas，即一氧化碳。

[2] 炭强气，原文carbonic acid gas，即碳酸，主要成分是二氧化碳和水。

一百三十四节

时而有现成之验试法，余等毋庸复经手。意大利国那波利地有一洞[1]，呼之曰狗洞。人行入洞，毫无他变；狗入，顷刻即倾倒不能行，如不将其速挟出，移时即毙。是以前时人以为洞中有毒狗之物，无毒人之物，然此臆揣之说，可取数实事以证其不符也。设有人在其洞中偃仰，或蹲而俯首，口去地不及尺，移时亦有气毙几死状。化学中实不难解明是事耳，炭强气较风气重多矣，是洞中即下有炭强气，上有风气也。化学家将炭强气贮满玻璃罐中，由此罐注入彼罐，与酌水无异，斯时如将一鼠纳其罐中，炭气流到时，鼠即有气闷欲死状，因此而知狗洞之底间，郁滞有炭强气也。

一百三十五节

特取法验试之中，复有第二利益，能令余等可遇新奇物，并寻得其各等性情。在地面土恒有化学所论之各种力，使土砂水略为变化，与伊古来数千万年中有者相同，是以未得何新奇物；至选取某物之或一种，或二种，或数种，于其中加之热，或加力压，或放入电气，可令余等见若干新变易也。设初次验试者，为将凿斩下之红色石，置于炭火中烧炼，即见有铁汁流出，是亦令人可骇异事也。兹时各国所有之各等铁器、铁船、铁炉、铁机器以及一应

[1] 那波利地，Naple，今译“那不勒斯”，为意大利南部第一大城市，该洞即那不勒斯死亡谷。

铁物，俱由是试验法中得出耳。黄金一种，可视为偶尔捡拾物，在河滩沙中有多处可得之也。惟仅恃检察一法，孰能忆及由黄土中可得一种极嘉、极坚、极轻之阿路米黏[1]，属金类之一品乎？过数载后，详细推察，用恰相当之验试法，或可得一品较金银尤有用之金类物，或得有阿路米黏，并他金品融洽于一处之某物，可代黄金用。余等不可谓世间格致家所用以验试考论之法，至于今日业得奇异妙理千中之一也，嗣后，继续不已之设实合格致理之新法验试，庶可得耳。

[1] 阿路米黏，原文aluminium，即铝。

第十八章　各事原因并先几[1]

一百三十六节

余等无论检察验试，所宜求者，即究察出将来之某事所先有之何情形也。试更辟易一说，余等所究察者，即局中应有何等物，便使其他何情形呈显出也。凡验试时，所预备应用之诸般原因物，并于检察事时，其本事未呈露之前，所见出之各等情节，俱可谓先几发见。凡继续而有之各情节，无论是否为相因生者，俱可谓为后验。如雷电作而降雨之先，空中之气湿而温暖，日放亮光，云高而有涨大式，而风雨表[2]之水银，乃见下沉，是皆其平常所先见之诸情节也；移时，则雷声虺虺，电光闪烁，沛然下雨，既而凉风吹来，风雨表水银则高升矣。是数事均其后验之诸情节也，第不可以为某事之数端先几，必完全次第毕显，方有后验之某事耳。如将起之大风之先，每有日放亮光时，且有时大风起于夜间，由是而知起大风、降大雨，非必决有日放亮光为之先几也。譬人食后害病，充其先几

[1] 先几，指预先根据征兆，而洞知某事将要发生。几，征兆。明沈德符《野获编·神仙·仙姑避迹》："何廷玉、罗万象等数十辈，皆以失旨伏诛，仙姑明哲先几，即谓之仙亦可。"

[2] 风雨表，即气压表。

之物多矣，有牛羊肉，有米饭、白菜，有菠菜与面饼，并调和用之胡椒、盐、芥末、油、醋、酱等俱全，复有水与米酒、葡萄酒，均为未患病之先用者，患病乃其后验中之一耳，第不可揣想各种食物中均含有毒，如作此臆度，乃于理不合也。所应推求者，即毒隐于何一物内，何一物为使其患病之先几，即原因也。

一百三十七节

凡某事之原因，即某事未显出之先，所恒有之一端情节，或数端递续出之诸情节也。恒有人以解明何为某情节之原因为极难事，然亦毋庸大费心力。事有原因之本意，不外乎事前理应有之诸情节，便使本事在后接踵而出也。有时先见之一事，似已足为原因，譬犹醋炮制之酸瓜中有铜质，有人食酸瓜入腹后，觉胃不舒适，即疑不舒适之原因，似专在铜。初何知为铜质所败之胃，其酸汁之本性，即不可少之一情节耳。假使余等手足切近铜质，亦不觉受何害，其不入人胃不为人害明矣。更言一桶火药忽尔着，其原因乃一点火星也，讵知火药忽着，似止此一点火星为原因。究乎其实，原因亦在火药，炭、硝、硫磺，三者皆是也。而炭、硝、硫磺三物，各在一处时，遇火星飞迸，俱无轰着事，俟余等将三者研为细末，按有定分数调和于一处后，制为无数小圆粒，即为遇火星必轰着物矣。是以轰着之原因，可列为数端，硫磺、硝、炭、粒形、火星、物俱干燥不湿，尽是也。

一百三十八节

验试之大纲领要旨，即于一时更易一物，余等于某事加意推求，欲确知其事前恒有之各情节，于成其事中，何情节为断不可少者也。假使将事前恒有之二种、三种或多种情事，于一时同换，其后验亦立同变。体察其同变之原因，亦不能辨清其实缘何一情事，或因二种、三种或多种，一时齐更易亦不能知。即如饮茶时，茶味不美，因其茶叶成色下耶？抑因其水未滚熟耶？要均可致茶味不美，设令厨役更泡茶一壶，别换滚熟水，兼易他茶叶，其茶味果美，仍不能辨清前壶茶味缘何不美也。理宜更验试一次，泡茶仍用原茶叶，用滚熟水倘其味照旧不美，即知误在茶叶，非水未熟也。

设有人身躯内外无微疾，一日忽由楼梯跌及平地，身受重伤多处，移时即毙，余等即确视为由楼梯跌下，乃其身死情节之原因也。设跌毙之人，先患厥症[1]，或患痫风症[2]，其情节之原因，或属于厥症痫风，或属于摔跌，亦或缘二者合凑一处，若等情事，纵有相验官带仵作[3]细验，亦有时难判清其原因属何也。

一百三十九节

有面极亮之铁一段，置通风处，不数日即生锈，固

[1] 厥症，中医术语，泛指突然性的昏倒，不省人事，四肢厥冷，不久即或能逐渐苏醒的一类病症。

[2] 痫风症，中医术语，即癫痫。

[3] 仵作，旧时官府检验命案死尸的人，相当于现代的法医。

为人所共知也，然亦应究其缘何生锈耳。设将磨明之铁一小段，置于玻璃瓶内，以吸气筒之力，将内气撤尽，瓶口封固，历日虽多，而铁面不生锈。盖风气一种，为养气、硝气[1]、水气、炭气四质合成，并有些微盐等质，成为极细小点，飘于风气套中，铁面生锈之原因，是多端物皆可为之也。至欲确指何质实为其原因，纵将管中气撤尽，仍不足知耳。设将极精纯之养气、硝气、水气，各分加于铁面验试，犹不能断定，缘是数种质物，纯粹以精时，分加于铁面，均不令铁生锈也。更易一法试之，取少许风气套中之气，将湿气除尽，而明面铁在此等气中，乃毫不生锈矣，因知潮湿为铁面生锈之一原因也。然潮湿亦非铁生锈绝无仅有之独一原因，将明面铁置于极纯洁之水中或水气中，除尽内所有之养气、炭气，铁仍无生锈事。譬犹止以养气、水气、炭气，三质合一处，浸于铁面，不使硝气入，依然迅速生锈。复增他等法验试之，得知养气、水气二质，均为铁生锈必需之原因也。更有进者，炭强气虽非铁生锈不可缺之一物，然有此质物在时，生锈益速耳。统观是事，可知推究出一事情节之原因，有时为非易事也，于某情节先呈显之极多情事，固有其真原因，而无功效者亦至不乏耳。

[1] 硝气，原文nitrogen，今译“氮气”。

第十九章　搜求情节相符处

一百四十节

凡检察验试时，尤宜尽心体会者，即于某情节未出之先，竭力搜求，以知有何情节恒先出也；寻求初入步处，即视某情节之先，屡更迭出之各情形中，有何相似。若然，是余等无论讲解何情节如何有之所以然，第一要事，即宜忆及所见所闻之各情节中，与现考究之情节，有何相似者，取以详细较对，以知其情形每相似处，实属如何也。

一百四十一节

设见一道极明之虹于天，心中即不免揣其何以不有于他时，而适有于此时。欲得其诸原因，首宜回想前此见虹之若干次，举属有降雨事，在无定之某处也。长虹之见，恒在降雨之候，满天晴明无雨时，从不见有长虹出见也；然雨云总不能满遮全天，日光射照雨点，为虹见时不可或缺之事。天有虹见，决在降雨倏下倏止时，或大雨将毕日甫出之际也，于他时从不见有虹耳。

一百四十二节

第考究之法，不可拘视夫平时降雨虹见一事也，凡有带色而不成弓式，与成弓式之虹，均应收取其实在情形。于望日[1]月明之夜，光照于雨，亦有长虹出见式也。取月照之虹，与日照之虹对勘，即知不必拘于日光射照雨成虹，无论何明光照于雨上，均可为成虹先不可少之情节也。且不必定于雨点由上下落时见虹，于水点由下上升时亦可。如挪威国路干[2]地之瀑布泉，人呼之为“气腾泉”，其向空飞升有极微细水点所成之云，日由某有定之方向，射照于升腾为云之微细小点时，即见有与降雨时同之一弓式虹。即人力所造之向上趵突之水泉，其翻飞极微细水点中，有时或亦可见零星碎小弓式虹之色片，散于各处。晨兴出户瞻眺，见花草树木，并蜘蛛网面，均浓沾若许小露珠，日光射照其上，每一小露珠中，有一倒反弓式小虹。乘海船而观海面，于狂风将息时，波涛翻飞起之细小水点，亦成有七种色象也。

于所见局势不同之七色虹，聚于一处对勘[3]，余等即推出一道日光，与有定方位之水点，皆为见七色虹见之先，不可少之情节也。此先前不可少之情节，即平素所谓之原因耳，平时临事检察，凡供告于余等耳目者，即方言之若许语，是即特加检察之第一步也。

---

[1] 望日，即农历每月十五。

[2] 路干，即Rjukan，今译“尤坎”，挪威南部小城市。

[3] 对勘，即对照比较。语出宋沈括《梦溪笔谈·象数二》：“以两司奏状对勘，以防虚伪。”

一百四十三节

创始解明虹见理者，即奈端一人也，亦属以悬揣臆度之说为依恃，且于彼之先，早有人理会得，光照物其色之次序有与七色虹同者数种，如以法剖为利边棱之玻璃块，并金刚石块，以及他等透光之物均然。而罗支贝根（见一百一十节）业知虹见时之各等情形，故详细言之也。虹色与各棱块透光物映光色相似，彼亦曾经理会。别有一测试家，曾言日光照于盛满水之玻璃球中，见有仿如虹色之色。中国万历年间，浮山愚者[1]之《物理小识》书，有暗室中，对光悬呼为“猫精”之宝石[2]，与大金刚石，则能成五色之说。惟伊等所言，不及奈端于康熙[3]年言者益详也。伊能悬揣得穿过水点之光芒，由何方向入水点、出水点，行及观视人之目中，所有之一应不同处。殆即因光经水点中，有光差之变方向，有光回照之变方向[4]。伊既首先察得光入物出物差若干度，并光遇物回照方向几何度之理，奉以为率，即能推算光入、出水点之二方向差角有若干度矣。既知此角，故无论由观眺之人处视，或由日所在之处视，举能推测出虹之大小与方向奚若耳。

---

[1] 浮山愚者，即方以智（1611—1671），字密之，江南省安庆府桐城县（今安徽桐城）人。明清之际著名思想家、哲学家、科学家。明清易代之际，曾参与反清活动，失败后，落发为僧。因家乡在桐城浮山，故自称浮山愚者、浮渡愚者、浮山先生等。一生著作400余万言，自然科学代表作有《物理小识》《通雅》等，文学作品有《浮山文集前编》《浮山文集后编》等。

[2] 猫精宝石，主要成分为铍，外观透明而色彩美丽，自古以来就是最名贵的宝石之一。

[3] 康熙，清圣祖爱新觉罗·玄烨（1654—1722，1661—1722年在位）年号。

[4] 光差之变方向，即光的折射；光回照之变方向，即光的反射。

一百四十四节

当虹见时，测试知之角度，与奈端所推算数，俱无不吻合。然奈端得此征验，犹以为不足，复证明光芒透穿过雨点时，其少半必依与大半不相同之方向折照出，明分足用时，可成为第二道明少减而形益大之套虹，惟不甚明时不能见也。众人不尽知于极明显之虹外，时或犹有明分微较少之一道虹乎？此外套之第二道虹，可为奈端悬拟说之确证也。有如是之一段事故，余等即明视出一百十八节所言，格致家如何初时用究察法，继乃立说悬拟，更如何凭理推阐，用法征验，以得至其定理出之分位耳。

第二十章　察试时物变多寡

一百四十五节

格致学中，于检察使用之物，时而可以法使其变多寡，热物可减热使微凉，凉物可增热使渐热；并能于物上所压分两之轻重，使之或增或减；且于物上以吸铁石二三块大小不等者，试其各吸至若何分位。凡如是更易物之多寡，可乘机究察出其何为情节之原因，何为原因所生之情节。究察之规式，务宜更某何物之多寡，时或使其加多，时或使其减少。设见有他物变其大小恒同一时，即可量度而视为原因生出之情节也。

以风箱扇风入火，火必益热，固最易看得事也。风箱益加力扇火，火中增热益大，风箱不向火加风，火即减热，由是而知燃柴薪时，加风气于内，为不可少之一原因矣。即此引而伸之，更可证明植物生长，日光为其所不可缺少之一。且余等不试验可知者，夏令[1]日照光多，冬令[2]日照光少，植物举属于五六月间生长茂盛，十一二月不茂盛也。仅有此语，犹不足断定，亦或因夏令风气暖多，冬

[1] 夏令，即夏季。
[2] 冬令，即冬季。

令风气暖少，恃暖不恃光耳。

于此不足为断定之处，应设详细法数数验试。取若许同类、同科、同种之植物，植于同式花盆中，土质亦务用同者，置数株于多得日光向阳处，置数株于墙垣背阴处，或在树下，复将数株置在空箱中，或厅棚内，使之少得日光，惟风气之温暖，向阳处背阴处无异。如是经理，于植物所生长之多寡，以得日光照临之明分多寡为率，几可援为确据矣。

一百四十六节

如是验视植物，可学得一事，即于一时仅易一物也，量力经理，应谨防之规式，与一百三十八节言者相同，不外动换物时，一时仅令一物动换耳。如于堪作原因观之一物，或有所加，或有所减，所有之他物，应俱无加减。设将植物一株，移置于较同类他物多得阳光，兼多得潮湿之处，至见其生长之茂盛，与前不同，余等难决其由于多得日光，或由于多得潮湿也。应如是经理之，将所言之植物，使其潮湿相同，并即他等事言之亦均同，惟以不相等之日光验试，即知其得若干光有若干更变也；更反而论之，欲知潮湿加减于植物中，有若干更变，应以使植物得日光多寡同，得潮湿多寡异之法验试也。

第二十一章　隔相等时分之诸物变更

一百四十七节

余等身外所有围绕之物，其行动递变，所间之时刻，多有恒相等之式，如昼与夜非相为迭更乎？相间之时刻，今一夜与后一夜，长短差无几，与前一夜长短亦差无几。夏令将至，昼微较长，夜微较短；冬令将至，夜微较长，昼微较短，岁岁如此。是即时分相等之变更，因地绕日运行不息也。每日潮水之涨落，亦按有定时分间之耳。

一百四十八节

凡属此等迅速变更，且间隔之时日相等者，有一成法，余等循其法，可辨清所有各变更之诸情节，是否连为彼源此流，彼为原因，此为生情节者也。据理而论，依间隔相等时分变更之物事，似可视为互相联属，先者为原因，后者为所生情节。每日风气，非于午后一钟加热于一钟乎？设于数十日中，或数月中，日日记其热度，取其热度之均匀数计之，大抵极热即在午后三点钟顷，天空风气加热。盖由于日，每至午正，日于天行至极高度，过此，连三钟之久加热于风气，所加之热，多于风气自减之热，是以在三点钟时极热也。更依上法，取所记之热度数核计之，知一岁中极热之日，惟西历七月二十一日，即夏至[1]后第三十日也（亦即中国所谓伏日[2]）；依所记之均匀数言之，去极长之一日，亦属差无几而相同之若干时日，余等设非由他处早知此故，自必推阐得夏令之热，为由于地绕日行，一岁一周，致夏令日照光于地之时刻长而明分多，冬令日照光于地之时刻短而明分少耳。

一百四十九节

别有时刻相等之更变，所供应之事，极可谓人所意想不到者。夫潮水涨落依旧相等之时刻，上文业经道及。细视潮涨落相间之时刻，约为十二钟[3]有八分一钟之三也；日行于天，十二时辰[4]足一周，既与潮涨落之时刻有异，不能确言潮水之涨落，是以日为原因也。必复寻得他等依十二钟有八分钟之三，一次更变之物耳，如虑不能实遇此等使潮水涨落之原因，无庸觅十二钟绕地一次者。月每日行天一周，非用二十四钟有四分之三乎（于潮涨落之数恰多一倍也）？望见新月，举属于日薄西山后，由是月行于天，日继一日之迟迟，而所见月处东徙，终必移至昏不见

[1] 夏至，二十四节气之一，在每年公历6月21日前后两天左右，太阳运行至黄经90度，直射地面的位置到达一年的最北端，几乎直射北回归线，即为夏至。

[2] 伏日，即伏天。“伏”表示阴气受阳气所迫，藏伏在地下的意思。每年有三伏，三伏天是一年中最热的时候。从夏至开始，依照干支纪日的排列，第三个庚日起为初伏，第四个庚日起为中伏，立秋起第一个庚日为末伏的首日，末伏十天。

[3] 钟，小时。

[4] 时辰，中国古代计时法，一时辰为今2小时。

而晨见也。譬犹于晚间便时望月，细视其于若何时分行及何处，至次日及时复视，见月至其处尚须迟三刻，而海潮亦如是日继一日之迟至三刻，而月力吸引为海潮浮涨原因之说，似近情矣。奈端曾证明是理为无误，伊并解明潮水于二十四钟有四分钟之三中，何以有二次涨落也。

一百五十节

近今三四十年中，于日风气套[1]、地风气套，同时更变中，寻得之奇妙事已不乏。当乾隆、嘉庆[2]时，英国天文家侯失勒维廉[3]，并他天文家，察知日面之斑片[4]，有时变大变小，变多变少。迩来察验之人，详慎窥测日面之斑片，年继一年，书录对较，斑片最多之岁，每历十一年一次，回计日面斑多之年，即道光十七年、二十八年，咸

[1] 日风气套，即太阳大气层。

[2] 乾隆，清高宗爱新觉罗·弘历（1711—1799，1735—1796年在位）年号；嘉庆，清仁宗爱新觉罗·颙琰（1760—1820，1796—1820年在位）年号。

[3] 侯失勒维廉，即Friedrich Wilhelm Herschel，今译“弗里德里希·威廉·赫歇尔”（1738—1822），英国天文学家，古典作曲家、音乐家，英国皇家天文学会第一任会长，法兰西科学院院士，恒星天文学的创始人，被誉为“恒星天文学之父”，用自己设计的大型反射望远镜发现天王星及其两颗卫星、土星的两颗卫星、太阳的空间运动、太阳光中的红外辐射；编制成第一个双星和聚星表，出版星团和星云表；并研究了银河系结构。

[4] 日面之斑片，原文the spots on the sun's face，即太阳黑子，又称“日斑”，是一种发生于太阳表面的自然现象，主要是因为高密度的强磁场活动抑制了太阳表面的对流活动，进而导致太阳表面发生该现象处的温度低于周围的温度，从而出现人们在地球上无须用望远镜也能看见的黑色斑点，故称之。太阳黑子的发生周期大约为11.2年，发生时成群出现，对地球磁场、大气环流均有重大影响，严重时也会对各类电子产品和电器产生损害。

丰九年，同治九年[1]；相间之斑较少年，大抵道光二十二年、咸丰三年、同治三年。且天文家，并留心窥得北方夜晓[2]，有数年极多且极明，有数年较少不甚明，至堪奇怪之事，即日面斑片多而大时，夜晓亦多而大也，夜晓多之年，即咸丰九年秋时，并同治九年。至今不能确知日面斑片，如何能关乎夜晓之多见，惟视其变大小多少俱相同，故知有互相关涉耳。

复有一说，谓中国、印度国，并西印度国[3]，海面所生之极大旋风[4]，与日面斑片有关涉，似亦近情。测验风雨阴晴之诸格致家，兹时以法体察，是年较彼年，冷热不同，雨水多寡有异，是否亦与日面斑片有关照，惟余等于天气冷热旱涝诸情形中，既不能有确准，如速欲断定，必属无成，故应十分谨慎方可也。侯公谓："岁中粮价贵贱，关乎日面斑片。"果属的确，可视为前岁月人所不知，今能知之紧要事矣。第直至今兹，犹未察得侯公言之确据也。

[1] 道光，清宣宗爱新觉罗·旻宁（1782—1850，1820—1850年在位）年号；咸丰，清文宗爱新觉罗·奕詝（1831—1861，1850—1861年在位）年号；同治，清穆宗爱新觉罗·载淳（1856—1875，1861—1875年在位）年号。道光十七年即1837年，二十八年即1848年；咸丰九年即1859年；同治九年即1870年；下文所言道光二十二年即1842年，咸丰三年即1853年，同治三年即1864年。

[2] 夜晓，auroras，即极光。

[3] 西印度国，今称"西印度群岛"，位于南北美洲之间的加勒比海上，北起美国佛罗里达半岛南端，西起墨西哥湾和尤卡坦半岛东端，岛屿总数达7000个左右，因1492年10月，哥伦布在巴哈马群岛登陆，误以为到达印度而得名。岛屿今日分属多个国家，主要国家有古巴、牙买加、海地、多米尼加等。

[4] 旋风，the typhoon。现今气象学称在西太平洋生成者为台风（typhoon），在西大西洋即文中言"西印度国"及印度洋生成者为飓风（hurricane）。

第二十二章　以验试为本之辨论

一百五十一节

先既验式，继应有即物察理之辨论也。莫谓验试后，他无可费心经营处，既得验视供应之实事，诚堪为后复辨论之根据耳。假使将一块冰裹于毡内，复取一块冰不裹毡，置于旁，裹毡之冰块不化，不裹毡之冰块速化，所得之检察者，即有二端矣。设于是断定云，裹毡之冰块，较不裹毡之冰块化者恒迟，是即属乎即事察理之辨论矣。然犹不甚适当，以其不常如是也，倘四周风气，并他物之热度，均为在冻冰点下者，二块冰俱不化。

一百五十二节

验试之法，所供应者，仅有实事，设欲知其实事何时复有，须详慎剖辨方可也。极紧要者，即原因同，所生出之各情节亦同，辨论者可恒奉为式耳。凡原因所生出何若，俟及原因诚同时，其所生者亦无异。第有一事，务得其诸情节实同，不可仅有似同也。验试法之利益，既能详知其法以前之情形，并同现之各情事，复能于其各等情事，随意更易选取，便寻得其于局中何为极紧要者，复究得其何为无关紧要者。设欲知化冰一事，于何局势中复有，务详记其风气于寒暑表热度若干，屡易其于表中热度，以法验试外，亦有应求者，即有无日光照射，或有炉火之热，能否传之冰处，或由他热物于相近处传来否耶？

一百五十三节

于某事屡次验试，已知围绕四周之诸物，于事中各有何功用关涉，后乃继续分辨出其局度情事，同时，所应有之诸情形，极可放胆论道之，第永不能于此事中，知至极妥地步也。余等验试时，于局中最不可缺之某端事，反忽置不顾，亦所时有者。或有人谓：“此等出于天理自然事，有何难推测者？”而吾谓：“实难！无论何等精神充足之人，均有照顾不到处也。”化学家当验试时，每自以为明白透澈周到，然亦不免受淆混迷惑，适遇得来之功效，与所逆料大不符时，或俟后日，方能将逆料不符难解释处释明耳。设使遇一新质物[1]，与旧日识之质物，有似同处，而质性实大不同，即新增一原质[2]矣，六十余种新得知而不可分之原质，殆俱如是之验试而知者耳。

一百五十四节

余等以检察验试为本，欲推究出其物理，并预知其将继起之后事。经理之法，即由所试知事物之数端，穷究得

[1] 质物，原文substance，今译“物质”。

[2] 原质，原文element，今译“元素”“成分”。

其全局也。由种而溯及科，由科而溯及类，屡次以独有之一事为据，推及全局，使万殊归于一本。以耳目所见闻诸物之实事为据，推阐及凡不在耳目前之同科、同部、同类者中，亦同有是实事耳。人能于此由数端推及全局之法，非有卓识而资质聪明不能也，缘分辨时极要之一，即应确知其于辨论局中，所引为证之诸端事，为数不乏而皆适当耳。

第二十三章　由数端推及全局如何得机[1]

一百五十五节

由耳目所见闻诸事物中，推及全局诸事物，其辨论如何得宜，欲解明实属不易。究其所以不易解之故，即因由此一物，例推及全类，难知其无一不同也。譬犹酒店中酒，盈满一巨桶，店主由巨桶中，仅取出一小杯，递与酒客尝其旨否，即此少许酒测验其成色如何，彼即例推及桶中千万杯酒成色与此相似矣，是亦由一种推及全类之一式也。缘彼深知桶中酒，善为调和，全桶酒成色，可权为相同者观，且充经纪者，恒于绵花[2]、粮米、糖、茶叶等货中，每种取出少许，以为货样，作通共大宗货之均匀式观，而买客亦以此少许货样为定式，即与经纪议定货价购妥矣。

[1] 得机，原文generalize，今译“归纳”“概括”。
[2] 绵花，今作“棉花”。

一百五十六节

万物之中，孰能秉公举某物确为公匀适平之式乎？譬犹余等检察验试，取石块向天空抛去，无一不回而复落地面，人即云各他块石皆必如是也。如还叩以如是辨论，果据何者为本，是余等于有实情之诸事中，欲推阐出一端公理耳。惟应遵依一百十二节至十八节，所开列即物察理之辨论法，先究察实事，继创成悬拟诸说，权为所见闻诸事中之公理，欲明其实事由何而生；于是更进一步，以凭理推阐法，推出其实应有之各情节；末则多用验试法，以征验所推出之诸情节为确实无误者，因此即知后复有是类推阐事物时，其报知余等之语为有准焉否矣。格致家业多以此法经理之，率令余等得知凡诸物于数端情事相似，可冀其各他端情事亦必相同，第此亦非确有准的事，上文非言及乎？欲知何时可即数端物直推出他物，何时不可即数端物直推出其他物，诚非易易[1]；有诸物于此，欲由此物稳妥推及他物，非先将此物他物之表里精粗考究至其极，恐终不能也。

一百五十七节

所有辅助余等堪奉为式者，仅有此一也。凡即物之同常情事言，相似处少，不相似处多时，余等应先数更局势检察，始能推阐妥，其同常情事，于更局势时，恒连合

[1] 易易，即简易，容易。语出《礼记·乡饮酒义》：“吾观于乡，而知王道之易易也。”

同在耳。如石块向空抛去复落地上，而木片、金类片、水冻冰凌片、落叶、毛羽、纸片，并有体极轻物如蜘蛛网，抛出而除有风阻滞外，体纵极轻，亦如石之若等落于地上也；且此诸端物，俱属定质，其落地之势，似不关乎形色、体势、大小等情事，所相似者，止在其均向地落，并均为定质耳。更凭检察法，而知流质物亦均同向地落，如雨点即是也。他如云、烟、微尘等，大似不向地落矣，及详细考验，亦均有下落就地式，其不迅速及地之故，实赖风气上拖耳，况风气于空中，并无气等物处，亦有下行就地势乎？从可知向地落者，不惟有定质物，流质、气质等物，亦向地落，可以谓凡属有体质之物，均可以分两约计而向地落耳。若此之各等情节，既恒常连合一处，余等可望后此复遇有体质物，亦无不地落地者，无论易而为何等局势，要俱有下就地式也。至是可加语断定，各种有定、流、气三质之物，决均有向地即就与石无异事矣。试为更易一说：凡物之有定、流、气三体质者，无何力阻挠之，俱必有向地即就之同处耳，是可谓由数端推及全局之恰当语式矣。所得来之断定语，于奈端万物互摄之臆说中，获极坚实确证，天文诸家，观测日月星运行，所得迟速多寡数，均堪为是说之坚实辅助也。

一百五十八节

试更设一由数端推及全局之式。取小块胰子[1]，研磨于水盆内，水调和匀，以竹苇管吹水使起泡，于其泡面见

[1] 胰子，即香皂。

有各明色，于此可推出于全局有何适当之理哉？设不以精细法推测，余等即误谓胰子水应皆呈明色也，惟余等濯手用之胰子水，不见各明色，是其明非在胰子矣，应别寻机会，更察视夫呈显与此明色同之各他物也。假使用煤中滴出之黑煤油，倾浮于水面，使成一极薄层，见其诸品明色，与胰子水泡面见者差无几，黑煤油薄层，与胰子水泡相同处似无他，惟其均为极薄层也。于是更寻一机会，取厚玻璃一块，选有裂缝者，细视其裂缝处，亦有形相若之各明色，惟不及胰子水泡、煤油浮水面之若等明耳。或用二块玻璃互相压挤，或用厚薄几平微带扁圆形之玻璃镜，压于厚而极白之玻璃面，二玻璃相切处，即见有各种明色。此煤油薄层、胰子水泡、破缝玻璃，难云三者缘何皆有此等相同形色，反复思想，呈显此种明色，殆因二玻璃面切处，相间隔者，有风气一薄层乎？三端事中，均属二明面互相切近，有光射照于某种质点之薄层而成也。倘再寻得相类之他情节，真可发明此由全局推及数端之一式，为适当者矣。所推阐得者，即光照临于透光极薄之层物，必生与上文言相似之诸品明色也，凡见有若等诸品明色时，可揣应有属乎薄层之物在此，如云母壳呈显有各种明色，推乎其原，即因其壳为无数薄层合成耳。

第二十四章　由一物推及相似之他物

一百五十九节

是部书起首处，余等已提及由此一物推及彼一物所常用之辨论法矣。如藉美国金山诸山形色出金，推及澳洲诸山形色亦应出金，或藉此橘推及他橘即是也，深可名之为由一物推及相似他物之论辨耳。与由数端推及全局之辨论，所差仅在分数。设所较比之物多，其相似者仅在数端情事，余等辨论，即可用由数端推及全局之式；如遇无多物，而相似之情事极多，余等即宜视若等辨论式，为由此物推及相似他物者；设物无多，相似处亦少，即无可妥奉为据之由此物推及他物；惟有或相似之物多，或物体中相似情形极多，余等始可奉为依据，由此物推及他物，揣其亦应有此等情形耳。物相似时，由此推阐及彼之辨论，立一规式如下：如二物，或三物，或多物，相似处极多，可揣其物亦必在益多之数处相似也。

一百六十节

假使见一器具上，有气筒、蒸釜，有吸气筒，并有上下提动之活塞杆等物，俱与气机相若，余等即决定不疑之谓其物为气机矣，遂谓其中有活塞，有若许可向一面开出水气之小门，并有各气机中所皆有之各种器具。试更以洋钱等物譬之，设余等购货主之物，付予五两重银一锭，彼于缴还物之外，复找予二三枚洋钱，余等何以即知其洋钱为真银，并字样、戳记[1]无伪哉？必持其洋钱，反复察看，视其面上被磨处，透白色与否，并视其他处有无银爱生之黑黝，兼试其质性是否坚硬，更平掷于木板，细审其与银之声响若何，果于此各等情事无讹，复详视其面上之戳记，并铸是钱时，理应有之各等字样图像，即可认确其为真银洋钱矣。纵以极适当之炼试银钱法验试，决可实视为洋钱各体式齐全，不遗其一矣。

一百六十一节

由此物推及相似他物之辨论式，有时不足为倚恃。如洋钱，纵有如许极清之字样图像，并审音听试，似可认为真银质无伪矣；而伪质洋钱，亦时常由此人手转交彼人手也。儿童适彼郊野，误将含毒之果吞食，移时毒发身死，俱因平时曾食他等形色相似之果，味美而未尝受伤，伊等即推及内藏毒之果，误以为无妨于食矣。蘑菇亦属如是也，不熟悉蘑菇式样者，误收藏毒之蕈类，食入腹亦必受害。挪威国蘑菇极寡，俗亦不食此味菜蔬。余前旅居挪威国时，曾于野地捡拾蘑菇数枚，回寓，令店中厨役如法烹

[1] 戳记，含义有二：1. 印章、印鉴，是单位、社会团体或个人在参与登记注册，签署业务合同、法律文书等重要社会活动中，所出具能够证明其特定身份的符号与标志；2. 在钱币上打的凹痕或印记，以为征信或判别真伪。

调，余食之甚适口；既而其店中人，由野地采来若许含毒之蕈类，亦欲余食矣，是即伊等以形色相似而推及之一弊也。即未赋禀灵性之动物，亦能依相似情形为根，有由此推及彼之式，如守夜之犬，经人由地取砖石击打后，人如俯身故作拾砖石状，其处纵无砖石，犬见亦必速避，立视不奔者，殆极少也。

一百六十二节

由一物推及相似情形他物之法，格致诸家用以得知者不乏。余等知月面有山，因山高于地，日照地上，地面有明有暗，由地视月面形亦相若，而由月面视地，殆亦同于由地面视月耳。月面之山，薄暮时影长，晨兴后影短，与地上山式无异。往昔天文诸家，误用此法，均因地面湖海众多，奉以为式，遂推及月面亦有湖海大洋，伊等见月面有暗片，即认为月中海矣。兹时以力大之远镜窥月面，知绝无湖海，并小水溪亦无也（见《天文启蒙》一百二十九节[1]）。

---

[1]《天文启蒙》是艾约瑟所译“启蒙丛书十六种”之一部，该书主要讲述天文学知识。一百二十九节内容为：则且视乎月，无庸以镜（即下文所言“千里镜”，今称“望远镜”），只以目视，见月面有似云雾之痕迹，有数处微觉黑暗，有数处稍觉明亮，前时会有人以其黑暗处目为海，并呼以“平安海”“狂风海”等名。于月圆视之，即知因月之有圆，犹如地之有圆可考。迩时有人侧考之，知其名为海者原非海，仍为陆地。第月圆中之名尚未更耳，与此以小千里镜视月，即可见月全面之八九分，或为山岳，或为山壑低洼处，不似地上之山谷有花草树木，均属极干燥荒地，江河湖海皆无据。兹时测知者，月内无水，故不能有云兴蔽日，亦不能测知有笼罩月之何风气。如是想来，月内不能有活物，其十分全面之七八分，为已灭之火山（即“死火山”），且形迹极阔大，与地面火山之形式，大不相若。

一百六十三节

物相似处，有时极完全无讹，使余等不能有所疑。如康熙年间，中国京都刻印之算书中对数表[1]，详考其字之舛错处，与英国前时印出之对数表无异，相似情形既如是全备，不得不谓中国之对数表，为照英国对数表誊录者矣，藉无论何他等悬拟臆说，均不可解明此等情节。街衢铺路石，余等行其上时，或见有仿如海滩，潮甫退落下，遗留于沙滩之若等波涛荡漾迹，且有时见其石面，有大小形式不等之穴孔，俨同降雨时，大雨点滴于软沙滩之若等雨打迹然，并有虫行沙滩之虫形迹、鸟步沙滩之鸟爪迹，与他等动物迹，铺路石面，与海面沙滩情形既如是相似，止有一悬拟说可解明之，即其铺路石块，于往昔数百万年之先，为海水波澜动荡冲击而淤之泥沙，历年久而变成者也。地学诸家，时常遵兹由此物推及情形相似他物之法，由足所践履之海滨沙滩，所目见之各种形迹，推及往昔硬石尚为软沙时所有之各等情事矣。

[1] 该处指《数理精蕴》一书。《数理精蕴》是中国清代的一部重要数学著作，是在康熙皇帝主持下由梅瑴成、何国宗主编的《律历渊源》的一部分，其余两部分是《律吕正义》和《历象考成》。《数理精蕴》共五十三卷，其中上编五卷，下编四十卷，附数学用表八卷。康熙五十一年（1712年）始编，康熙六十一年（1722年）刻成。该书上编名为《立纲明体》，主要内容为《几何原本》和《算术原本》；下编名为《分条致用》，分《首》《线》《面》《体》《末》五部，罗列代数、几何、算术、三角等初等数学的多方面资料。可以说，该书汇集了自1690年之后输入中国的西方数学知识，并吸收了当时中国数学家的一些研究成果。该书在国内流传广泛，国外亦有流传，对18世纪和19世纪中国数学的发展影响很大，尤其是对数、幂级数展开式和方程论的发展多受该书有关内容的启发和影响。

一百六十四节

诸行星中，与地球极相似者，惟火星也。详察夫火星面，有大小暗片，天文家目其为海，其他明显处，天文家目之为陆地，且火星之南北极处，有白色圆片，详细察看圆片，俱属向日面减狭，背日面增阔，其白色圆片如是变形状，深似地球南北极多雪多冰处，夏令减少，冬令增多矣。有如此次相似情形，俾[1]人由极似确之断定，谓火星南北极处，有积久不化之冰雪，与地球实同耳（见《天文启蒙》一百六十二节[2]）。

一百六十五节

由此物推及情形相似他物之辨论法，总不能视以为实妥无误者。所刻表白者，惟此一规式，即二物情形愈相似时，于各他种情节中，愈可揣其亦俱相似，于所检察出之各等情节益相近处，愈可如是断定矣。譬犹火星面白片，不第可揣其为冰雪，更可推阐出火星，同如地球带有行雪、布雨、起风各情形之一风气套，兼有人率是法为据，推察出火星面，亦必同与地球面有植物、动物。惟如是推测，未尝得何确据，不能指为实是之断定语，恐有语病。

---

[1] 俾，即使、让、把。见《诗经·小雅·天保》：“俾尔单厚。”

[2] 《天文启蒙》一百六十二节：以目向火星详视见其有红色，与他星不同，以远镜窥视，见其红色少减，满面光洁明亮，而明亮中亦有暗处，明处为山，暗处为海。所不同者，即以由地面视其形式，与在火星视地面形势，大略相似。附近星南北二极处，见有白色，随时详视，见其渐及冬夏令有增大减小式，与地球南极北极处，积雪不化其所以不同者，即地面水居四分，水居一分，火星面陆地四水居一也。

余等于辨论时，切不可将此情形相似之数端，视为足凭之确据也，不若竭力求于讲论事有关之诸端公理，方可断定有确耳。

一百六十六节

余等以由此物推及情形相似之彼物法辨论时，由此一实事，推及彼一实事，似既无即物察理之辨论式，兼无凭理度物之辨论式，第此法止以揣度分辨，不能指为断定有准者观，余等自应以先检察实事所发明之数端公理，奉为根柢，由是推及其按公理所应有之各等情形也。如火星面白片，极堪用此法推阐，日中射热能融化地面冰雪，固余等所深知者，余等亦检察知距南北极相近处，化冰雪事是如何。凭此深可以即理度事之辨论法，推及火星面白片或增或减，皆为日中热所使矣。第不关于火星面是否有人居住，有无动植物在其上生长也；格致家于地球面各种动物起初如何有之理，从未究察得知，格致家亦未尝以死物为质料生出活物。是以余等推测出火星面有风气套、降雪等事，与地面相似，则可；奉以为据，遂即推测谓火星面亦有动植物，不可也。

一百六十七节

斯世之人，时常以相似情形极少者为依据，而推入迷途也。前此数年，英国常闻人云："国家设电线通信，价值不昂，定能获利。"又闻人云："铁路公司火车，装载客人，脚价[1]低微，应与寄信、运货无异。”伊等并援邮驿局信差[2]为据，谓：“每函信资仅一贝尼[3]（三十六分洋钱之一），函封信件外，其露而不封者，并新闻纸[4]等，一件仅半贝尼，寄费价值虽如是廉贱，局中亦获极大利。”伊等并云：“新闻纸一日一出，购一全分[5]，前数年间价值为八分洋钱之一，继乃由渐减至一贝尼可购一分，今日之新闻纸馆主人，获得财利尤大也。”伊等凭此，即遵情形相似之类推法，谓电信局、铁路公司，理亦相同，亦能有得计之大利益矣。然若等语，要为人所臆度，非适当之推测也。盖相似情形无多，未可奉为根据，应究夫一函信一贝尼，新闻纸一分寄费一贝尼，而局中缘何犹沾利益若是多耳。

一百六十八节

徐为殚心究察，乃知新闻纸馆主所得之利，非由一分寄费一贝尼出，实由各行户托印告白[6]字价[7]中得来也，电报局、铁路公司，不能得告白字价若等利益耳。更考知邮驿局所以于国家有大利，实因送信之人，信件多与信件少无异，寄一信与寄六信，工夫差无几也，是以邮驿局中

[1] 脚价，亦称“脚钱”，即运费。见韩愈《昌黎集·论变盐法事宜状》：“（张）平叔请定盐价每斤三十文，又每二百里每斤加收二文，以充脚价。”
[2] 信差，即邮递员。
[3] 贝尼，原文penny，即美分，便士。
[4] 新闻纸，原文newspaper，即报纸。
[5] 分，疑为错讹，当为“份”。
[6] 告白，原文advertisement，今译“广告”“宣传”。
[7] 字价，指广告按字收费。

得信资多时，不多用人，所送信益多，所得利益大也。而电报局之情形不然，电报局使令人多，寄送信件人，止送一封，每有一函，须特用电线达递一番，达至何城，必专人将信寄去，信数愈多，局中备以送信之人亦必多也。信资益廉，国家受之亏空益大，远不若邮驿局中信件数愈多时，得之利益亦愈大也。由是观之，以相似情形无多为据之若等辨论，为不堪倚恃者，惟藉即事察理、凭理度物之二辨论法，先考究其情形之原因公理，方能用情形相似之辨论法而无不当耳。

第二十五章 辨论之差谬

一百六十九节

使人习正道而极紧要者，即应知易生差谬之数处也。譬犹语行人以当由之路，余等不惟应将当行之转弯歧路告彼，即不应行之转弯歧路应一并告彼也。且辨学中将人于平常辨论时之各种差谬，均全数告彼，乃为有用之一端耳。

一百七十节

辨论时，有各种差谬，与误会意[1]不同，而不应将误会意与妄辨论[2]同观。人所误会意者，如云“月司理天气

[1] 误会意，原文false opinion，即错误的观点或意见。
[2] 妄辨论，原文bad reasoning，即错误的推理。

之阴晴”即是，格致家经久详察，知月之晦朔弦望[1]，与天气之风雨阴晴，无所关涉，如彼所谓，非属妄辨论，实由妄辨论生来之误会意。溯其原由，即缘自古传来之妄谈，俾人信月有司理天气阴晴之权；究乎其初，或有人经二三次，或数次，天气晴变阴，或阴变晴，适均逢月朔日，好事人即视为奇异，遂告知林里乡党，其中亦有人记忆数次变更天气，实在月之初一，遂坚信不移之谓月与变更天气有关照矣。世人处天地之间，见有一事，机会屡变更时，俱继续于某事之后，遂断定所先见之某事为后事之原因也，讵知是即有差谬之辨论哉！

一百七十一节

一年中少言之非十有二个初一日乎？而天气之变更，即英国而论，七日中一次，已为至少，与中国五风十雨之说亦差无几也。如是言之，天气更变，奚必有俟于初一日哉？且更变天气日既如是多，又奚不可适在初一日哉？天气变于初一日，亦事出于偶耳。惟有人谓月能司天气阴晴，原非自有把握，不过闻之人云已亦云也，然亦不必目为辨论之差谬，只为误会意之论说，人传人之重新数数论

[1] 晦朔弦望，即对月亮在农历一个月内各种形象的古称。月绕地行，每日行13度10分有奇，故每月有盈亏之别，农历每月一朔一望，初一、初二则全晦，称为“朔”，初一日即为“（月）朔日”，月称为“新月”；初四、初五成弯形，称为“蛾眉月”；初七、初八日可见其半，称“上弦月”；后至月圆前称为“凸月”；至十五、十六见其盈，称为“望”，十五日即称为“（月）望日”，十六日为“既望”，至是又渐渐亏，月称之为“凹月”；至二十三、二十四复见其半，称“下弦月”；往后继之以“残蛾眉月”或“残月”，逐渐消失至再次朔日，全月不见，过程即为农历初一至下月初一，均29.53天。

道耳。此等事辨学析为二类：一为辨论差谬，即语病中之一式也，一为误会意。

一百七十二节

余等既将误会意与辨论差谬分论，务记忆夫八十五节至八十九节，论讲凭理度物诸法时，所列之诸端差谬辨论也。凡余等背乎倒置语句规式时，或违乎依次连合成三语句之条款，或推阐断定时，于应遵之式有违，均在目为差谬者中。设余等缘目所见之禽兽等动物，俱有行动之能，遂即断定能行动之物尽为禽兽，是即违乎依次连合成三语句规式第三款矣，亦即八十五节中所谓中界语未包括至尽头处之语病也。依次连合成三语句诸款规式有若干，违其规式时，差谬亦有若干，如语中有四界语，为违乎规式第一款者，即谓为有四界语之差谬也；倘由首出语、次出语尽为反面者中，推出断定语句，即为首出、次出语皆反面之差谬。诸般差谬，凡熟悉规式六款者，无劳思索，望即知其语病何在也。亦有时辨论之语，似与规式各款无违，实有差谬在内者，俱因界语中或语句中意有含混之病也。人彼此语言，如何有若等含混各病，不可不考论耳，详于下章。

第二十六章　语意含混生之差谬

一百七十三节

人于辨论时，生差谬极多之原由，即语意相含混也。其含混维何？即语言于此处用之意，与他处之意不相同。凡语言之有二意不同者，据实而论，亦应视为不同之语言耳。如有人云："身有寒疾，夫寒本为热可驱者也。"伊即推揣为我之寒疾，热亦可驱除，如将此等身受之寒，与他等寒混而一视之说，亦有语病，缘身受之寒为疾，少热之寒不为疾也。此等辨论与一完全三语句内含有四界语者相若，第二意不同言词相若之含混情节，余等不易辨清者，亦不乏耳。

一百七十四节

英国律例：凡乞丐在街讨钱，皆为犯禁，可送官治罪。迩来有人谓："向人讨取捐输[1]者，迹近在街讨钱，

[1] 捐输，含义有二：1. 犹捐纳、纳税。清魏源《圣武记》卷十一："国朝捐输助饷，始于康熙初三藩之变。" 2. 指因国家有困难而捐献财物。邹韬奋《抗战以来》二四："仅就南洋侨胞而言，据南侨总会的报告，他们自抗战以来，对于祖国的捐输，总数已达三万万元以上。"但该处原文Soliciting subscriptions for a charitable purpose，即为进行慈善捐助或奉献。

亦应按律惩办。”果如彼言，是凡因兴办善事赴各处募化银钱之人，均应目为乞丐在街讨钱类，寄之监受罚矣。犯禁令之乞丐，固为在街讨钱者，第不可将此言倒置之，谓在街讨钱之人，尽为犯禁令之乞丐也。在街讨钱之乞丐，微特向人讨钱，且视此即其营生之事业，不复谋他等生财道路。国法责罚在街讨钱之乞丐，因伊等不务正业，游乎好闲，徒讨良民厌恶，未尝言行善事挨门讨钱者，应一并监禁也。词讼案件，时常生于不易分清之语言，如黑色之泥片石，近今变为大有用者，因其中含有石油也，俗呼为波革亥德煤[1]。有人于苏格兰[2]地某处见此物，既而大有用项，致成词讼，实缘欲辨清其是否为煤也。有时因语意不同，亦能令二大国开兵端。前时英美二国，几成战事，阿拉巴马兵船[3]，即其原由也。阿拉巴马船由英商造成，售与美国南数省。万国公法列有明条：此国人可为他国人代造兵船，此国人亦可售兵船与他国人，惟船中安置炮火军器等物有禁。英商与美国交易情节，于公法中安置炮火军器等条款有无违背，而起争端，致二国请友邦出为评断方结耳。

---

[1] 波革亥得煤，原文boghead coal，即烟煤，深褐色的浊煤。

[2] 苏格兰，Scotland，是大不列颠及北爱尔兰联合王国的政治实体之一，位于欧洲西部、大不列颠岛北部，南接英格兰，东濒北海，东北与挪威、丹麦隔海相望，西北与冰岛一海之隔，西临大西洋。

[3] 阿拉巴马兵船，即“阿拉巴马号索赔案”（Alabama Case），指的是美国南北战争期间，英国虽正式声明中立，却为美利坚邦联南军制造了一艘巡洋舰“阿拉巴马号”，南军用它攻击联邦的商船，连续摧毁北方船只68艘。早在1863年10月，美国驻英大使亚当斯（Charles Francis Adams）即提出抗议，要求英国赔偿一切损失，但表示美国愿将此案交付仲裁。1871年5月签订《华盛顿条约》（*Treaty of Washington*），英国正式向美国道歉，《华盛顿条约》规定英国向美国赔偿1550万美元，并确立战时中立国的某些义务。

一百七十五节

当乾隆末年，法国王政变为民政[1]时，著书论治国者，有人谓："国中之帝王官员等为仆，而民为主矣，既为民之仆，自应遵民主之意，凡意之出自民者，帝王官员等应遵其意行之通国也。"第亦有二意相混之语病，帝王官员等治国，理宜为民兴利除弊，为仆者亦应为主人办兴利除弊事；惟若等仆人办之兴利除弊事，与君王办者不相同。是类仆人，实与以银钱买或雇以供使令之佣人等，与君王大不同耳。而若等含混语意，经人误会者亦不乏。论及选举人充议政官员一事，亦有使人误会意处。议政院规例，商订新例时，非得众允行者数多方可施行乎？而选举人之某城人，每愿经其选举者，于每事附随本城意以为可否，定成各种条例，不欲使其自抒心之公是公非。据实而论，经人选举入于院者，应凭己心之公是非以为是非，诚如其被选立时，向众应许之诸语即足，选举彼者，自不应于其身有何拘束也。

一百七十六节

浑含二意之语，有数种可详慎明辨之差谬。十七节中析分者，有同名总名之别，时或于某界语中，总同意辨别不清，而差谬出矣。譬犹存书库中，诸种书内，绝有论

[1] 该处即指1789年（清乾隆五十四年）7月14日爆发的法国大革命。王政，指君主制度；民政，指共和制度。

及汉武帝[1]事之书也。如有人悬断臆揣，谓其书库中诸种书籍，无论何部，俱有汉武帝事之语，则于理不合矣；谓某书库中诸种书，即将各部书浑于一处言之，非谓每部书中举载有汉武帝事也。时亦有语意不若是清楚，实有令多人误会意者，且不能断清其语言之误。即如前所论世袭都尉低支波之案，多人视为不足成信谳[2]，聚讼纷纷，悯其冤枉者，以为缘赴案控告冒充世袭都尉之人，所指出之某人证有误，所有之一应人证俱可错误也。且其果为世袭都尉，伊胡能为将前时所习熟之法国语尽忘却，并其母之名讳亦不记忆，兼不记其所归营伍属何号数，何以离英国所乘坐之船名亦不晓。若彼之数百端事，纵或忘其数端，胡能将一切俱遗忘，实属于理不合也。其人如确为低支波，绝不至将此等极多之情形，俱置之度外，虽云未得确证乎？取多端视若无关紧要之细事合起，堪为足用之的确证据矣。

一百七十七节

工匠等齐行罢市，于辨学规式有违者，亦至不乏。伊等辨论谓："充石匠者，限制习学是行手艺之人数，即为

[1] 汉武帝，刘彻（前156—前87，公元前141—前87年在位），西汉第七位皇帝。在位期间，设立内外朝，加强皇权，察举征辟，吸纳人才；抗击匈奴，合并南越，开拓西域；打击商业、手工业，盐铁官营，重视农耕，兴修水利，使西汉统治臻于强盛。晚岁因用兵过重，致使民变迭起，痛悔而下"罪己诏"，西汉统治得以继续维持并得到发展。

[2] 信谳，即证据确凿的判决。谳，审判定罪。清纪昀《阅微草堂笔记·槐西杂志一》："或夏月以盐醋拭器，使有酸咸之味，则所滴之血入器即凝，虽至亲亦不合，故滴血不足成信谳。"

增加己身工价之胜算。”木工、陶人、瓦匠等，并司理气机诸人，如是为之，俱无不可者，然要不宜若是之即一种技艺，类推及各技艺也。实缘某何种匠役工价增高时，在他行手艺，决有微减低其工价事。观此事与他等情节，即知辨学书中明注违理之若等事，虽为人闻而心悦诚服者，亦可为千万人所忽置不顾也。因伊等如是之昏聩[1]，能生来多端祸患耳。

一百七十八节

复有与此相似之差谬辨论，如办理善事，勉人登芳名于捐输单时，论辨者每谓某富室应多输银钱若干，于其事业，总不至觉有何失。然亦只一二次如是捐输，伊力能负荷耳。倘此等多派捐输者数至百次，或二三百次，俱如是言之，纵巨富亦不能担当，势必至倾家败产也。乐于捐输者，不能仅视一项捐输，以酌定可否许与，应统计各项捐输若干，以定其许与数之多寡耳。

一百七十九节

复有与是相对之若等差谬，有时人于辨论时，每于统一切物所现出之某情节，误视为其一切物中，无论何一物亦有其情节。若等差谬，即由大众通力合作成全之功，

[1] 昏聩，即愚昧、糊涂、神志不清。见《东周列国志》第八十七回：“甚矣，公叔之病也，乃使我托国于卫鞅，又曰：‘不用则杀之。’夫鞅何能为？岂非昏愦之语哉？”

推及其众中每一俱能成是功。是即辨学书中，由总语推及同语之差谬也。譬犹某营众兵攻取某城，不能因之即视为其营中之各兵，俱能一人独取一城也。复有一说，谓白绵羊较黑绵羊食草多，因白绵羊数多于黑绵羊，非言一只白绵羊，较一只黑绵羊食草多也。且枢密院[1]诸大臣公同商酌，大抵必有极合机宜之方略，不能因之即视院中之各大臣，每一人俱有合宜方略也。

一百八十节

《进学解》云“业精于勤荒于嬉”[2]，有似于泰西语谓“勤劳无难能也”[3]。然究不易谓其所言勤劳无难能事之意果为何？或即言能耐勤劳，在无论何可为之事功，无不能成者乎？然千万人通力合作，筑造一似埃及国石墓[4]大之

[1] 枢密院，含义有二：1. 中国帝制时代中央官署名，五代至元的最高军事机构，唐始设枢密使，掌文书，以宦官任之；后唐改称枢密院，枢密使辅佐宰相，分掌军政；宋设枢密院与中书分掌军政大权，号称“二府”；辽代按南北面官设北枢密院和南枢密院；元代，枢密院主管军事机密事务、边地防务，并兼禁军；明代，朱元璋废之，改设大都督府统军。2. 是英国君主的咨询机构。历史上具有十分大的权力，但今日只具有礼节性质。枢密院拥有不同的委员会，当中，英国内阁拥有其绝大部分的权力；枢密院亦具有司法职能，并主要由枢密院司法委员会所行使。

[2] 《进学解》，唐韩愈著，该句全部为：“业精于勤荒于嬉，行成于思毁于随。”

[3] 原文Labour overcomes all things，今译“劳动战胜一切”。

[4] 埃及国石墓，即埃及金字塔。

若等大墓，或挑浚一道运河，或会集如《渊鉴类函》[1]若等大之一书，岂一人之勤劳能成厥功哉？伊等所言“勤劳无难能”之语，于勉人勤劳中，无何大用，亦视出乎何类人口，而各有不同之意耳。复有一等训言云“前人所为之事，后人亦能为之”，盖云己亦后人也，胡可独逊于前人哉？如威伯[2]由英至法，于水中能游泳七十里，己亦能游泳七十里乎？英国诗家米勒顿曾著《失埃田乐园书》[3]一部，己亦能著若等书乎？贝西美[4]能创炮炼钢之美法，己亦能创美法炮炼钢乎？革雷佛[5]能力取印度地臣服英国，己亦能

---

[1]《渊鉴类函》，是清代官修的大型类书，共计四百五十卷，四十五个部类，以《唐类函》为底本，广采诸多类书集成此书；由张英、王士祯、王惔等撰。内容涉及天文地理，历代政治官制、地方政区划分，文化、哲学、宗教、神仙志怪，生物医药，以及各地风土人情等内容；体例为每部下分为条目若干，每条条目分为释名总论、典故、对偶、摘句、诗文五部分。张英在呈进给康熙皇帝的《进御定渊鉴类函表》中说：“首以音义明辨，总载提纲，而典故次之，事对又次之，单词只句有可采录，另为一条不敢放失；至于诗赋杂文，则辨体标目删繁就简有节取之义焉。”

[2]威伯，原文Captain Webb，即马修·韦伯，1875年8月横渡英吉利海峡，为第一人。

[3]米勒顿，今译“约翰·弥尔顿”（John Milton，1608—1674），英国诗人、政论家，民主斗士，英国文学史上伟大的六大诗人之一。代表作品有长诗《失乐园》《复乐园》和《力士参孙》。《失埃田乐园书》，即《失乐园》，该书主要讲述了叛逆之神撒旦，因为反抗上帝的权威被打入地狱，却毫不屈服，为复仇寻至伊甸园。亚当与夏娃受被撒旦附身的蛇的引诱，偷吃了上帝明令禁吃的知识树上的果子。最终，撒旦及其同伙遭谴全变成了蛇，亚当与夏娃被逐出了伊甸园，故事原型见《圣经·创世纪》第三章。

[4]贝西美，今译“亨利·贝塞麦”（Herry Bessemer，1813—1898），英国冶金学家。20岁发明邮票印刷的新方法，后全力进行炼钢法研究，终发明新的炼钢方法，从而使世界进入了钢铁时代。

[5]革雷佛，今译“罗伯特·克莱武”（Robert Clive，1725—1774），英国冒险家、军事家、外交家、政治家，于1757年征服印度莫卧儿帝国，1773年英国下议院指控克莱武在印度供职时盗窃公款和勒索财物，克莱武以举家之财打官司试图洗脱罪名，未果，愤而自杀。在英国历史上从来没有人以如此少的兵力征服如此广大的土地，获取如此多的财富，他被本国人认为是英帝国最伟大的缔造者之一，而在殖民地人民眼中却是罪恶的强盗。

建开辟地土之若等功业乎？是训言所有之意，能行若等事者，于数百万人中皆可寻得出数人耳。世之为训言者，多道出含有二意之双关语，人误视为大有智慧矣。

一百八十一节

别有他等语病，非生于一语之意含混，乃生于完全语句之意不清。人有笑谈，欲证明猫有三尾之语云：

猫比无猫多一尾；
无猫有二尾；
因知猫有三尾。

复有一实无意味之语，似为极当之依次连合成之三语句，如云：

无烧酒可饮至过量处，
水中无烧酒，
因知水可饮至过量处。

无烧酒为其中界语，仿如为适当者，然亦不甚妥也。首出、次出语俱为反面，是以不能有断定语，见八十一节。

一百八十二节

理屈人强词夺理，欲规避适当断定语时，语言有一种喜用之差谬，所证明者，深不堪为适当之断定语也。而聆其言之人，心地糊涂，犹误认为其言为合于理。如爱尔兰[1]地之一人，曾经人告发其行窃，并举有三人为见其窃物之确证，伊反说现有三十人为未见己窃物之确证，亦有人经人告发，指为私通敌人之奸细，伊自诉供其并非奸细，素充剃发匠[2]。为诤友者，以友道劝人行善，己反不行，经其劝之友必反诘曰："尔劝人行善，己仍不行乎？"人虽如是反诘，而醉酒之人，已沉湎于酒，以醉酒为非之言劝人，有何不可者？盖言不可以人而废也。

一百八十三节

辨论中复有一种极虚危之差谬，辨学书中道及者无多，与上节言者实亦相若，差谬维何？即论辨之词驳倒时，人即将与[3]彼言相反之断定语，奉为堪依据者观也。如经人告发之人，有出而证其彼时实未在犯事处者，鞫审[4]时将其证言究诘穷，承审官多有遽定以应得之罪者即是。设有人因京都宣武门外，菜市口[5]地方，丑[6]初时窃案，被官人拿获。承审官讯问时，供言控告人所言之时，

[1] 爱尔兰，Ireland，西欧岛国，该岛东北部为英国北爱尔兰地区，西临大西洋，东靠爱尔兰海，与英国隔海相望，是北美通向欧洲的通道。

[2] 剃发匠，即理发师。

[3] 与，原文如此，疑为错讹，当作"于"。

[4] 鞫审，即审问。鞫，音ju，审问。《初刻拍案惊奇》卷二十："奉圣旨下大理寺鞫审，即刻便自进牢。"

[5] 宣武门，位于北京西城区南部；建于明代，初称顺承门，正统四年（1439年）改称宣武门，为明、清时京师内城九门之一。菜市口，在宣武门外附近，为古代处决人犯的地方。

[6] 丑，丑时，即凌晨一点至三点。

余在正阳门外桥头，有某某为证，可传来质问。及传到其人，详细盘诘，供彼子正时[1]实在正阳门[2]桥头。承审官即坚执谓："事犯在丑初，伊于子正时在正阳门桥头，间一点钟顷，丑初在菜市口生事，有何不可者？"遂即断定其丑初决可在出窃盗事之菜市口，亦未免推揣有误也。依辨学言之，倘非所指见证为捏饰，或见证人为虚词卫护，不足为其未偷窃之据。承审官如是定案，乃毫不稳固矣。

一百八十四节

有人出而竭力证明一题，时常理屈词穷，无论见窘若干次，人总不能视为证明其理非之据。重学[3]中有一款，假使甲丙乙丁对面平行边之四边形内，甲丙、乙丙二线，为二分力线之大小方向率，其相等并力之率，即对角线丁丙，是即重学中所谓二分力皆以线为率，求其以何线为其并力率之款。此款所定，实为的确无误者，而有多位极聪明之格致家，多用言语，多加力，欲证明其理，而举出缘何丁丙之一力，等于甲丙、乙丙二线力之据俱不能。惟有一法，将几与彼款恰相似之一款，权视为是，即无难解明矣。亦辨学中所谓确据解说未得，姑且断定为有确据、有解说之差谬也。更有多位虔诚人，深信有上帝。伊等所

[1] 子正时，由于一时辰有两小时，前一小时是夜子，后一小时是正子，故子正为凌晨零点至一点。

[2] 正阳门，俗称前门、前门楼子、大前门，原名丽正门，是明、清两朝北京内城的正南门。位于北京城南北中轴线上的天安门广场最南端，毛主席纪念堂南边。始建于明成祖永乐十七年（1419年），为明、清时京师内城九门之一，集正阳门城楼、箭楼与瓮城于一体，是一座完整的古代防御性建筑体系。

[3] 重学，即Mechanics，今译"力学"。

著书中，欲证明是理时，用多端与辨学不符之若等辨论，伊等虽求确据未尝得，而其所论议之理，人不可因此不信也。盖道之是否，不关乎出言人得确据未得确据耳。

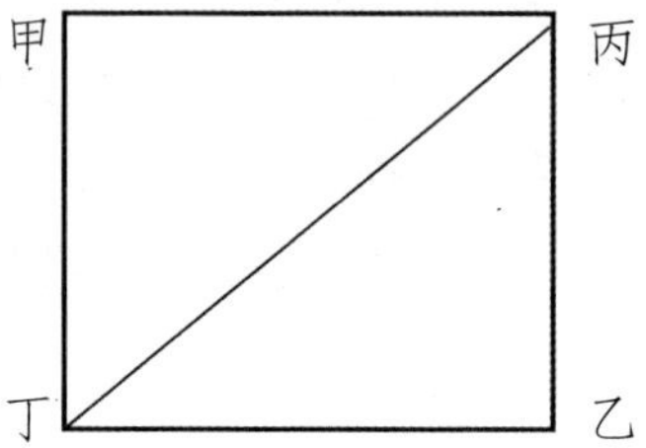

一百八十五节

上节所道及者，有诸多格致家，意欲证明重学中一款之理，因未得确据，姑假托一几相同之款，权为是者观。若等差谬，即将应有确据未得确据之理，暂视为已有确据也，亦为所关极重之差谬，缘不易视破，并不易解释，而若等差谬式亦至多。如于某事物新命一名，后即将其事物作为已解释者观，倘有幼童致问曰："缘何隔玻璃窗能窥视过？"所问于情理甚合也，答以"玻璃能透光"即可。若等对答中，无何解说，只易以透光为名而已，惟遇智慧人盘诘，由来无人能解明玻璃水晶等定质物，由此面可看及彼面之故者。法国人磨列耳著之戏文中，曾讥讽辨论时有若等差谬者，谓有瘖[1]女之父，问于医曰："是女缘何瘖？"医对曰："此事最易解，其病缘失发言之力耳。"

---

[1] 瘖，含义有二：1. 哑。语出《吕氏春秋·本生》："有味于此，口食之必慊，已食之则使人瘖，必弗食。" 2. 沉默不语。见柳宗元《与萧翰林俛书》："用时更乐瘖默，思与木石为徒。"

瘖女父复曰："此亦余所素知，余欲复知其缘何失发言之力耳。"医士又对云："余等医学诸名家[1]论瘖病，由来录于书者，均谓无发言之力，是因舌于口中行动有阻窒。"伊自以为已将病源解明，实乃未得真解耳。

一百八十六节

未得确据事，暂权为已得确据者观之差谬，其误用最多处，即语言时，将己心不允以为是之含混名目加于彼也。既加以如是名目，亦即可谓其实属如是，遂断定其于理为非。譬犹有猎夫二名，于所获来之禽兽中，有何争竞，此人谓彼所为者越乎猎规，是以不应如是行，可依次第连合成三语句之式，列于左：

不合猎规事不可行；
猎夫张甲行事不合猎规；
因知张甲所行为不应行者。

若等语句，按规式论之无误矣，然亦不能视为力能胜人之辨论也，不过有辨论之容貌耳。不合猎规之事，即猎夫不应行之事，所应论辨者非此，应观其所行之事是否违乎猎规条款耶。

[1] 名家，原是先秦时期诸子百家之一，指以思维的形式、规律和名实关系为研究对象的哲学派别，代表人物有惠子和公孙龙，二人思想特色分别是"合同异"和"离坚白"之辨。艾约瑟在本书中用该词翻译则实与"格致（诸）家"一词相通，本处"名家"即指"医学家"或"医生"。

一百八十七节

喜道考试人才弊端者，每谓“应试之诸学士，同于书厨[1]，食而不化”，虽未明言无实学大用，只为应酬考试，而语内含有其意，第是言不足为适当之辨论也。其差谬即将若等应考试而殷勤攻读之学士，多视为食而不化辈，或均视为食而不化辈耳。设学士[2]未尝致力于《几何原本》，并其中之一题亦不能明透，仅将其语句记熟，应试时照所记之言词誊出，语中之意，丝毫不懂，是即所谓食而不化，极不美之式也。学士别无所长，惟以其记性应试耳，倘应试学士，于数卷《几何原本》多用力攻读，明白深透，考问时对答如流，所语言者，无不曲折如意，周到适当，若而人者，殆所谓食而已化者流也。纵使逾数月后，或数年后，将书中各题尽遗忘，伊心中曾经从优之薰淘摩练[3]耳。

一百八十八节

上二节所言，学士食而不化，与猎夫不合猎规式之各字样，可归入未得的确，妄视为已有凭据之语类中。余等应加倍谨慎，不可受是类语言所惑也。泰西语有云“加犬以恶名，可将其治死”，即凭恶劣虚字样定是非耳。

---

[1] 书厨，含义有二：1. 比喻博学的人。该意语出《宋史·吴时传》：“时敏于为文，未尝属稿，落笔已就，两学目之曰‘立地书厨’。”2. 也比喻读书多而不会运用的人。该意语出《南史·陆澄传》：“澄当世称为硕学，读《易》三年不解文义，欲撰《宋书》竟不成。王俭戏之曰：‘陆公，书厨也。’”本书取第二义。

[2] 学士，原文pupil，即（小）学生，与今日学士意不同。

[3] 薰淘摩练，同“熏陶磨炼”。

第二十七章　即事察理中之诸差谬

一百八十九节

人于平日语言时，每由分数未包括至尽头处之一事，推及分数未包括至尽头处之他事，所有差谬极多，上文业经讲解，即多人姑视此情节与彼情节实有一大同相似处，独惜其未尝究察足为确据否耶。譬犹性不同之药品，有多人不知谨防，未尝留意于疾异药亦不同之理，以此人食是方剂愈，视为他人食之亦无误，或医此疾用之药味得效，视为遇他等疾用以医治亦可得效。无论老年幼壮人，均易有轻忽躁率，误由数端推及全局事耳。所难者不在推阐，惟在推阐得其正，不流入误妄也。亦因顺余等人本性，不得不如是之将情形相似之事物，胪列一处，归一品类耳。年已少长者姑勿论，婴儿甫学语言，即有是病，呼亲生母为“妈”，呼乳母亦为“妈”，即因其不能分清乳母与亲母同异处为若干也。犬常受鞭棍责打，见未尝有意打彼之人执鞭棍，彼亦惧。且不惟婴儿与犬如是也，即壮年明理之人，语言时亦不免有误推错解之谬，亦因伊等由一二端轻推及相似之他端耳。

一百九十节

有人适异国游历，乘坐火车行铁路极速，数钟顷即可行数百里，回归著成一书，仿如将其国之事迹俱知之透，国中数百万人物俱熟悉者。伊于车店客寓中遇彼国人数名，即将此数人之性情品行，推为通国数百万人观也；见一二人行事诈伪欺骗，伊等遂推通国人俱品行不端。所有若等误会意处，即游历于未得王化[1]处，见有行为恶劣者数人，类推及全国人均如是耳。地理家未得亲至察看之处，如牛基尼[2]海滨居民，不以礼接外客，可逆料其曾受远方来之船中水手欺凌也。然牛基尼地面广阔，余等不应推及其全境，谓内地居民，俱与海滨人行事相若也。泰西诸国人来中国游行，知粤闽海洋[3]中，数处有海盗，历乎其途有戒心，不能推及中国十八省[4]俱如是耳。沪上[5]之鸦片多而价廉，吸食者广，不可推为中国内地，尽若是之鸦片多、价廉、吸食者众耳。

---

［1］王化，或称“圣王教化”，指天子的教化或德化，从而使民风淳朴，道德高尚，为中国古代臻治盛世所必假借的手段。语出《诗大序》：“《周南》《召南》，正始之道，王化之基。”

［2］牛基尼，即New Guinea，今译“新几内亚岛”，又称伊里安岛，是太平洋第一大岛屿和世界第二大岛，仅次于格陵兰岛。新几内亚岛是马来群岛东部岛屿，位于澳大利亚以北、太平洋西部、赤道南侧；西与亚洲东南部的马来群岛毗邻，南隔阿拉弗拉海和珊瑚海与澳大利亚大陆东北部相望；在东经141°以东及新不列颠、新爱尔兰等岛屿为独立国家巴布亚新几内亚；141°以西及沿海岛屿为印度尼西亚的巴布亚和西巴布亚两省；全岛两部分接触极少，两国于1979年签订的边境条约禁止人民到边境地区居住。

［3］闽，福建省简称；粤，广东省简称。粤闽海洋，即广东、福建沿海地区。

［4］中国十八省，即汉地十八省，指清朝将明朝统治区中的十五个承宣布政使司中的湖广分为湖南、湖北，南直隶（先改名为江南）分为安徽、江苏，从陕西析分出甘肃，加上原有的直隶（河北）、河南、山东、山西、浙江、江西、福建、广东、广西、四川、云南、贵州，共设置的18个省份。

［5］沪上，即上海。沪，上海的简称。

一百九十一节

援他物或他人之性情形式，姑视为与余等前曾见之物或人相似，实非适当之辨论。一百五十五节中，不云由酒桶中取少许酒尝试其气味成色旨否，即以之例推全桶乎？其酒业经从优调和起，固为余等所知者也，或亦可特调和为若等公均适当之成色耳。第国中人民，不能如彼之将善良强暴均匀调和也，见十数人行为气概，而知其式，难视为数十百万人行为气概均有是式。余等惟所见之人数多，其不相同处亦多，于贫富贵贱士农工商中均见者，始堪酌为于各类人品俱知之透，而推及通国之人也。所特应严戒谨防者，揣度人物或士风[1]，不可遽奉新闻纸中言之数事为据也。人民于新闻纸喜见者，大抵属于杀人、偷盗、抢劫，偶遭火灾、旱涝、风雹等祸，以及人行幻术戏耍，为人所难能，与民变、地震、瘟疫流行，各等事居多；若安居度日，按部就班，循规蹈矩之人与事，其中从不道及也。斯时录于新闻纸者，设云某处多醉酒人拦路打人，外人即误以为可裹足不必适彼，恐途间遇酗酒人肆打，其辨论即不适当也。纵有酗酒之徒，亦不过百中一二，胡可视为酗酒成俗乎？人之入其境行其途者，未必遭酗酒人打人之若等事也。

[1] 士风，含义有二：1. 士大夫的风度。《南史·江夷传》：“稍历军校，容表有士风。”2. 士大夫的风气。唐白居易《祭中书韦相公文》：“惟公世禄官业，家行士风，茂学清词，冲襟弘度。”文中取第二义。

一百九十二节

工匠技艺设立行会[1]时，或有人即一行推及百行，误视伊等尽属如是，实缘设立行会者，时或有一二次，遣人行触犯律例事，以罚违本行会约款之人。只由此一二次工匠立之会，处事未善，遂推及各行工匠会，谓凡属设立行会者，举有结党树援、违反律法事也。若等辨论之差谬，即将操作工匠，均视为一律，讵知各行工匠立会各有不同哉？绝不可凭喜生事之数工匠、数行会，类推及各等工匠、各种行会也。

一百九十三节

上文一百九十节至一百九十二节，论道之差谬情节，皆为由此误推及彼之轻忽无当类。然余等少加意析分之，仍可判为三种：一、有时于多端事故中确有之一种情节，误推及不归入其理中而自有专理之某情事，即所谓推阐逾分病也；二、时或只于数端有专理之情节中，见为确有之

[1] 行会，含义有二：1. 中国旧时城市商品经济中的工商业组织，有手工业行会、商业行会。在商品经济有了一定发展时，为了调整同业关系，解决同业矛盾，保护同行利益，协调与政府的关系，同业或相关行业联合起来组成行会，这种行会带有地域和行业两重特征。行会产生于隋唐，唐代工商业组织大都称“行”，源于街巷上的贩卖摊商，往往一条街上开设同类店铺，故称“行”，如“织锦行”“金银行”等；到了宋代，行会组织更加发展；明清以后，行会进一步发展到会馆、公所，组织也更为严密，订有行规、业规、帮规等制度，形成一种垄断势力；清末期日益衰落。2. 欧洲封建社会城市中的行会组织。同一行业的手工业者或商人，为保障本行业的利益而建立的团体；行会有严密细致的章程，对内保证会员权利义务均等，对外实行垄断。通常所说的欧洲行会，主要指手工业行会。

一理，余等误视为于诸多他情事中，亦确有是理，仿若可奉为大同所有之公理观也；其三，即于有专理之一端情节，推及于与此原无关涉，别有一端专理之他情节也。若是之差谬辨论三种，可分别定出三名：一为由大同误推及有专理处，二为由专理处误推及大同处，三即为由此专理处误推及他专理处者耳[1]。

一百九十四节

于植物学中，援一公理言之，举凡植物发荣滋长，不外乎于日光射照时，由风气中吸取炭气为食也。设余等将植物幽闭于有顶盖之坑中，日光不能照至，其植物殆不能长乎？大抵均如是乎！然要不能统括含有专理之诸植物于内也。植物中有根柢成团卵而得食者，如薯蓣、百合、蒜头、水仙花等，掩覆于幽暗处，亦能萌芽舒叶，潜滋暗长；且属于蕈类之蘑菇等物，与开花之植物大不相同，余等不敢造次，遽将开花植物中所已学得之理加入。盖蕈类之物，赖地中炭气即可生，无庸日光射照。法都巴黎城人民，所食之蘑菇，生于城下洞内者不乏。法国生有一物，名德吕佛[2]，亦属蕈类，为味美之食物，全身伏地下，犹生长也。

---

[1] 原文：These three kinds of fallacies we may then describe as 1) from the general to the special; 2) from the special to the general; and 3) from the special to the special。意即：1）由普遍误推向特殊；2）由特殊误推向普遍；3）从特殊误推向特殊。

[2] 德吕佛，原文truffle，即块菌，为地下真菌之一类，主要食用种为黑孢块菌、夏块菌和白块菌三种。

一百九十五节

于律例审断之情事中，所宜慎者，即不可使律例施于立律例人心未注意处也，纵律例中未尝明列何案情不施用之专条，要不能无何案不施用之理。如理，火车铁路款中，列有车行未停时，不准人下车，乃不可少之要款也。然于铁路处供使令者，当护卫客人差役者，以及脚夫人等上下车习熟轻捷，实不能视为关性命事，伊等或出或入，无人以为有干例禁观。惟客人不然也，即客人因出车被官鞫问，伊供明在车内生有何危险，较出车外之危险尤大，承审官亦不加以罪，缘设是条款，原为保卫人不受伤也。

一百九十六节

英国律例，明载英人不能身为人奴。英人讴歌之曲中，亦恒以是矜夸，而刑官审断案件，亦恒有禁锢人七年、十年、二十年不等之时，即与身为人奴无甚异矣，亦无谓其如是办理，为违犯英人不能身为人奴例也。实缘大众深知英人不为奴之律例，非为禁锢犯人设立，乃为不犯罪之人设立耳。由大同误推及专理处者止此。

一百九十七节

斯时所欲论者，即由专理处误推及大同处之辨论。譬云砒霜、乌头[1]等毒药，人深知多服必死也，因即推及凡食此种药味之人必死，所论辨者中，即寓有差误，缘以少许兼和以水饮之，亦无妨碍耳。警戒人饮酒者，每谓国家应立一不准沽烧酒之条，且据理论解，阿勒哥和[2]属于毒物类，按实论说，如饮内合阿勒哥和、姜酒[3]等逾量，能令人死，与有力之毒物无异也。若等酒时常过量饮，必于人身有伤，惟以无多酒兑和若许水饮之，尚复有人谓亦属毒物，即为有差误之辨论语矣。毒极大之药味，服食极少时，即不为毒物，上文业经道及，其为毒与否，均视乎临时用之多寡也。

一百九十八节

所留遗者，犹有由此情节误推及他情节之第三种，即由此一有专理情节者，推及彼一于己无所关涉有专理情节者也。譬犹有人经人殴拳，受拳者将击彼之人摔倒，力能如是为之，而防身受伤，乃于情理无不和者。第奉此为式，遂推及于角力胜而获赏之二人，辨论谓此人使彼人摔于地，是为因防身受伤起见，亦于理无不合，则误矣。缘二端事，各有专理，无互相似处也。复有执偏见之人谓："或斗鸡，或赛马，以银钱赌输赢，为无不是处。"伊心

[1] 乌头，原文prussic acid，今译"氢氰酸"，又名甲腈、氰化氢；有剧毒，可以抑制呼吸酶，造成细胞内窒息。氰化氢标准状态下为液体，易在空气中均匀弥散，在空气中可燃烧。

[2] 阿勒哥和，原文alcohol，即酒精。

[3] 姜酒，是以药食兼用的生姜为主要原料，配以荔枝、大枣等辅料，经过严格、精细的加工生产的保健酒。但原文为rum or whisky，即朗姆酒或威士忌。

执定是者，因见贸易人于制办绵花、布匹、米粮等货时，常空买空卖以牟利，不见有禁阻明文，亦不见有清议，兹则明有现银列几案矣，有何不可斗鸡、赛马赌输赢者？然空买卖一事，止于买卖人有益，非实于民有利，亦不能谓其可为也；而斗鸡、赛马、赌博事，于民无利，不过胜而赢者稍获利益，终不能抵负而输者多受之亏损也。

一百九十九节

此等由专理情节推及他等专理情节辨论之误，实与由某事物误推及相似处少之他事物无异也，见一百六十七节。辨学视为极紧要者，即时常提醒学士，使知适当之辨论，尽在将此物此情节易为相似之彼物彼情节也。精心推阐时，于此事此情节中实有之诸理所关涉处，相似之彼物彼情节中，乃亦实有其诸理耳。则且还而论之，不适当之辨论，即取相似处不足之彼物彼情节，以易此物此情节也。辨学中无论为凭理度物法，为即物察理法，所可用之各规式，即示余等一明鉴，便于审明由某事物，推及某事物辨论时或适当或不适当耳。

附　辨学考课诸问

第一章　导引（由一节至三节）

一、辨学大意是何？（一节）

二、辨学所教何事？（二节）

三、贝根论增知识有何语？

四、知识之能增人力者由于格致乎？抑由于耳目乎？（三节）

第二章　寻常论辨（由四节至九节）

一、人论断自受欺罔大都缘何而起？（五节）

二、铁通条插入火不抽出欲使火旺，有何错解？（五节）

三、有时人谓铁较木凉，可指其有何误？（五节）

四、何为各物中之公理？（六、七节）

五、用何种辨论可学明万物中之各公理？

六、何为凭理度物之分辨？（八节）

七、凭理度物法如何用以因此知彼？（八节）

第三章　即理推物分辨（由十节至十二节）

一、简便揆度语如何而成？（十节）

二、左列之辨论语中可指明何为语句？何为介语？何为连合之活字？何为彰明若干分之活字？

江南人皆皇上之子民；

苏州人皆江南人；

因知苏州人皆皇上之子民。（十一节）

三、语句中分别有几端？（十一节）

四、凭理度物之辨学于界语语句外复论何者？（十二节）

第四章　物名界语分类（由十三节至二十三节）

一、辨学界语为几种语合成？（十三节）

二、专界语与同语同名有何别？（十四、五节）

三、何为总语总名？（十六节）

四、有体质实物界语与昭显实物形势之界语有何别？（十八节）

五、房、伦敦、书院、学士、无能、友、和睦、友道、罗支贝根、议政院。诸生视右列之诸界语中，何为专界语？何为同语同名、总语总名？何为有体质实物界语？何为申明物形势之界语？并何为正面语、反面语？（十四节至十九节）

六、满、信实、由自主、出外、有限制、故意。右列之数正面界语试举所宜有之反面界语为何？（十九节、二十节）

七、何者为矬人语之反面语？何者为矬人语之对面语？试分解反面语、对面语不同处。（十九节、二十节）

八、利、正、升、进。右列之四字，可将其对面字举出？

第五章　界语扩精二意（二十二节、二十三节）

一、船扩大意是何？

二、篷船扩大与火轮船扩大，二意有何不同？

三、菊花、黄菊花、花，三者扩大意有不同否？

四、何为界语精密意？（以上俱二十二节）

五、常用之篷船与火轮船，其精密意孰多？（二十三节）

第六章　正用语言式（由二十四节至三十一节）

一、何为语言意？（二十四节）

二、语言之意何时含混？（二十九节）

三、毛、方、布、日、印、信、晚。熟思右列之数字后，可略言其意不同处有几？

四、试思言“方”字时包括有若干意？

第七章　诸端物分类（由三十二节至四十六节）

一、将诸端物同归一类，以何为式？（三十二节）

二、物分品类有何用？

三、诸种草、不传热之诸物、体中诸脉管、各类油。右书之诸物类，知其各益于人者有若干，可直指一二。

四、物种与物科有何不同？（三十七节）

五、毛笔、钢笔等字，何为种？何为科？

六、书、红墨、菜、墨、棍、字典、流质物、约书。右列诸物与所余为种之他物比时，指明何者堪视为科。

七、如画之为物，试为分出各类。视其可不留遗，无讹否？（四十二节）

八、种类、科类对较，精密意孰多孰寡？（四十三节）

九、按辨学家语言，何为物之独异处？

十、何为定明语？

十一、于是尝试夫水晶、三角形、丝质等，是否能道其适当之定明语？

十二、毛、铅等笔何为其独异处？言人与言伟丈夫有何不同？堂与祠堂独异处是何？银与银钱，有何独异宜加慎者？即先辨清何为科、何为种，方能分辨出独异处也。（以上俱四十四节）

十三、书、车、树、洋琴。右列之数物，可指明其偶异处一二。

十四、马、燕、草、三角形、风琴。右列数物之同常情形，可各举其二三。

第八章　论语句（由四十七节至六十二节）

一、试于右[1]列之数语句中，可指明其何为前截专重语，何为后截申明形势语：

北衙门为九门提督[2]衙门；

光阴似箭日月如梭；

富贵在天；

刀兵之事可为长太息者也。

二、反面语句与正面语句有何不同？（五十节）

三、何为虚拟语句，可举二三？（五十一节）

四、何为分歧口头句？（五十二节）

五、设：风雨表水银上升必不致降雨；

江河水皆就下流；

挤牛奶人不出天花；

出天花而死之人率多未种牛痘；

选举议政院官员之百姓中有数人不明其责中事；

身边便带之书或为袖珍版印者或为小册者。

右列之诸语句中可指出其包括至尽头处者，并包括数分未至尽头处者，兼可指明反面语句，并虚拟语句以及双

[1] 原文为“右”，疑为错讹，当为“左”。

[2] 九门提督，全称“提督九门步军巡捕五营统领”，简称“九门提督”或者“步军统领”，是清朝的驻京武官。设立于康熙十三年（1674年），主要负责北京内城九座城门（正阳门、崇文门、宣武门、安定门、德胜门、东直门、西直门、朝阳门、阜成门）内外的守卫和门禁，此外，还包括负责巡夜、救火、编查保甲、禁令、缉捕、断狱等，实际为清朝皇室禁军的统领，品秩初为正二品，后于嘉庆年间升为从一品。因其衙署设置在北城地安门外显佑宫之右，与南城的刑部相对，故人们称它为“北衙门”。辛亥革命后仍沿用，1924年“北京政变”，溥仪被驱逐出皇宫后，其职权归京师督察厅。

歧语句？（五十一节至五十五节）

六、井水有含毒者；

价贵玩物有视之不美者；

右列语句中之申明形势语已包括至尽头处乎？抑未包括至尽头处乎？（五十四节）

七、茉莉花内有香者；

入考场者皆有登仕途为官之分；

入考场之人中有不堪登仕途为官者；

身家不清者不能入考场。

可画出圆圈发明右列语句中之各专重语，或在申明形势语中，或不尽在申明形势语中，抑或全在外。（五十六节至五十八节）

八、包括至尽头处之反面语句中，其专重有若干分？其申明形势语有若干分？（五十七、五十八节）

九、物分数包括至尽头处之反面语句，可于禽兽、水族中指出一二，且可画成二圆圈证明其如何无干连处。（五十八节）

十、忠诚之行有时于己大有利益；

戏耍中有数类极关性命之忧者；

故杀人之人能脱法网者极少。

十一、上列三语句，可画成带有虚线之圆圈，并详言其意。（六十二节）

第九章　转换语句（六十三节至七十节）

一、试言左列之语句如何转换：

数株牡丹色白；

吾未见能见其过而内自讼者。（六十五节）

二、包括至尽头处之正面语，用何法转换之？（六十六节）

三、左列之二语句试转换之：

砖均为土造成者；

钢皆为内含炭质之物。（六十六节）

四、左列之五语句可画圆圈指明之：

字典、字汇等类皆为书；

书不皆为字典、字汇；

数种书为字典、字汇；

书谱数种为书。

信实交人为加益于己之第一善策。（六十三节至六十五节）

五、煤烟子俱是黑色。奉此语为根据，即色不黑之物而言，可推及何者？且即不为煤烟子之黑色物而言，可藉以推及何者？（六十七节至六十九节）

六、论知行为不忠厚者为不智，可以藉此推及何等智慧行为为专重语、忠厚行为为申明形势语之语句哉？（七十节）

第十章　次第连成之论断语（七十一节至七十五节）

一、左列出次第连成之论断语徐为审察之：

动物均需用饮食；

蛤蜊为动物；

因知蛤蜊需用饮食。

右之论断语，既审察得后，复有可问之数端，试对答对之：

1．何句为论断语？

2．所余二语句为何语句？

3．何为中界语？

4．何以知其为中界语？

5．何句为大界语？其故缘何？

6．何句为小界语？其故缘何？

7．含大界语之语句呼以何名？

8．次第连成之论断语，可如何继续发明之？

二、继左列之论断语句，以答夫上文八问：

无泄水沟之房为有害于人者；

有诸多房无泄水沟；

因知诸多房为有害于人者。

第十一章　论断语规式六条（七十六节至九十四节）

一、论断语内界语有若干，何以不能使之再多？（七十七节）

二、论断语中语句有几？（七十八节）

三、论断语内中界语包括至尽头处，是何意？

四、左列之误推辨论语，其中界语何以即包括未至尽头处？可解明之：

红人[1]均为未受王化民；

[1] 红人，即印第安人，因肤色暗红而称之。

盖红人俱以打猎为生；

且未受王化之民有以打猎为生者。（七十九节）

五、首出语、次出语皆为反面时，胡为即不能推出何语句？（八十一节）

六、欲得一反面断定语时，应有何类之首出、次出语？（八十二节）

七、可默写出论断语规式六条？

八、即包括未至尽头处之二语句言之，有何次等规式？（九十节）

九、倘首出语或次出语之数包括不至尽头处，知其断定语分数如何？（九十一节）

十、左列之次第连成三语句，可画圆圈证明之：

鸟皆遗卵；

蝙蝠不遗卵；

因知蝙蝠皆不为鸟。（九十三节）

十一、于左列之黄金二语句、冰川二语句，可推出何断定语：

黄金是金类，金类均非杂物合成者。所可推出者为何？

冰川均冰结成，冰川俱就下流动。于内能推出何者？（九十四节）

十二、右列之黄金二语句、冰川二语句，可制成二联次第连合三语句，并画出圆圈指明之。

十三、左列之误推论辨语，可解明何以与规式第四款不符：

海水皆含有盐；

惟美洲米矢干湖[1]之水未含有盐；

因其不为海水。

十四、左列有误推论辨语三联，可指明其各联与论断语规式何款不符：

此物为四足物，盖此物能走，且四足物均能走；

不费力而得之物，亦有价贵者，知识有不费力得者，因知知识价贵；

岳飞是一完人，岳飞是元帅，因知元帅均是完人。

第十二章　用虚拟字样语句（九十五节至九十九节）

一、何为虚拟字样语句诸规式？

二、于左列之二联辨论语，可指其如何与规式不符：

倘有传票发给张某，张某必至公堂，第见张某赴公堂，因谓其接有传票；

倘美国人金钱多，其贸易自兴隆，第美国人金钱不丰足，因谓其贸易不兴隆。

三、右列之辨论语，可证明张某一联何以与次第连合成三语句之规式第三款不符，兼可证明美国金钱一联辨论语何以与规式第四款不符。

四、倘水中加热不已，必蒸化为气，此水曾经增热，因知其必蒸化为气。右列之论断语，可更为次第连合成三语句之常式。（九十九节）

[1] 米矢干湖，Lake Michigan，即密歇根湖。

第十三章　他式辨论语（自一百节至一百零三节）

一、口头分歧之语句由何知之？（一百零一节）

二、试举出数联带二侧重语句之分歧语句，并可举带三侧重语者。

三、制双歧口头次第连成之三语句，应遵何规式？

四、左列之二辨论语可指明何一为遵分歧语式制成者：

凡乐器作声或由于击，或由于吹；

此乐器作声非由于击；

因知其为由于吹。

五、游苑囿者爱花，或以其味香，或以其色艳；

刺玫花为色艳者，其香味亦为人所爱者；

是以人爱刺玫花不为其色艳。

第十四章　推阐简便款式（自一百零四节至一百零七节）

一、推阐极简便而甚当之法为何。

二、余言海龙为血热之动物，奉以为据辨论，谓海龙之心为热动物之心。所用推阐法为何？（一百零四节）

三、倘行忠信为极美之免祸策，其不忠信诸事即均非增益于我之策。试指明是言如何与推阐简便款式相符。

四、煤中均有炭质。依推阐简便款式，何以不能推为凡非煤诸物必不能含有炭质？设有不含炭质之诸物，于此可藉以推出何者？（一百零五节）

五、何为代此物用相似彼物之法？（一百零七节）

六、譬犹辨论谓：

张甲与李乙同高；

而刘丙较高于张甲；

因知刘丙亦高于李乙。

如何以相似此物代相似彼物用？

七、张甲与李乙同高，

陈丙与张甲亦同高，

援相似彼物代相似此物法，何以即推知陈丙与李乙同高？

八、设：张乙身高于刘丙；

王丁不与张乙同高；

于王丁、刘丙二人者身高，可知推知者为何？

第十五章　藉物察理之辨论（自一百零八节至一百二十六节）

一、凭理度物辨论之大意，可云其为何？

二、凭理度物辨论与即物察理辨论，有何不同？（一百零八节）

三、加利略所用增人知识法是何？

四、加利略著名之验试法为何？（一百一十节）

五、格致四大家如罗支贝根、加利略、佛兰西贝根、奈端可言其谁氏？为何时人？

六、贝根所著《格致新范》为何书？（一百一十一节）

七、何为凭事察理法之一部位？（一百一十三节）

八、何为凭事察理法之二部位？（一百一十四节）

九、凭事察理三部位是何？（一百一十五节）

十、凭事察理四部位是何？（一百一十六节）

十一、格致学中何者为悬拟词？

十二、既有悬拟词，应如何经理？（一百一十七节）

十三、人欲解明物迹为何，立有悬拟之说，试举其说有几；且此诸种悬拟说，人已如何证明其是非？（一百一十九节至一百二十一节）

十四、奈端辨论万物互相摄引之理是何？（一百二十四节）

十五、戴加德悬拟之说，何以证明其非？（一百二十五节）

十六、何为指定从违情节？

十七、何为决明悬揣是非法？（一百二十六节）

第十六章　常言中凭事察理之辨论（自一百二十七节至一百三十节）

一、倘晨兴入园见何株树折下一枝，心即悬拟谓非夜遭狂风即窃贼攀折。欲定此二虚拟词孰为是非，应如何处置？

二、时而有似不关紧要实极当之证据情节，其故缘何？（一百二十九节）

三、前此英国低支波巨案细审其冒充情形，何以几得确据？（一百二十九节至一百三十节）

第十七章　检察验试（自一百三十一节至一百三十五节）

一、检查、验试，可举其有何不同？（一百三十二节）

二、验试之各端美益，可略言之？（一百三十三节）

三、藉旧知之物得知曩未知之新物，应用何法？（一百三十五节）

第十八章　各事原因并先几（自一百三十六节至一百三十九节）

一、事先有之情形是何？（一百三十六节）

二、事后验之诸情节是何？

三、原因并事先有之诸情节，如何分出？（一百三十七节）

四、设屋宇遭焚，可略道其先有诸情节并后验诸情形，且于后验诸情形中，可指明能为其原因之情形数种。

五、何为验试之纲领要目？（一百三十八节）

六、地毯变色，欲究其色变之故是由于日乎？抑由于潮气乎？或因近火与人履其上乎？抑其地毯中原寓有自能变色之本性乎？（一百三十九节）

第十九章　搜求情节相符处（自一百四十节至一百四十四节）

一、有何情节于此？欲知其一切原因经理之初入步法为何？

二、苦酒自瓶注于玻璃杯必沸起沫，倘有人不明欲求其故，应与何物比较以得知？

三、日将暮时或呈赤色，或呈橘黄色，于何他处可得见其形色同者？（一百四十二节、一百四十三节）

第二十章　察试时物变多寡（一百四十五节、一百四十六节）

一、察验变多寡之物时，可遵何条款？

二、物变多寡欲求其物之原因，并后验之诸情节，如何可以辨明？（一百四十五节、一百四十六节）

三、体健人疾行于背阴处，纵风气极寒，彼身边犹不觉凉。如欲知其体暖不觉寒，因体动活行路乎？或因日不能晒及其背阴处乎？抑兼因此二故乎？可以何法试之？（一百四十六节）

第二十一章　隔相等时分变更之诸物（自一百四十七节至一百五十节）

一、隔相等时分之变更为何？

二、隔相等时分变更之事，可举数端。（一百四十七节、一百四十八节）

三、于此有隔相等时分变更之原因如何？可辨明其后验，且于此有时分隔相等之后验，如何可辨明其原因？（一百四十八节）

四、设于织布局观多轮织机，见一甲轮、一乙轮，甲轮或动或静，乙轮亦随动随静，由是可推出何者？且以何辨论法推阐？

第二十二章　以验试为本之辨论（自一百五十一节至一百五十四节）

一、验试后，欲逆测知后，再验试当有之后验，有何可奉为纲领之法？（一百五十二节）

二、以钢片与火石相击见有火星迸出。设用验试法并辨论，如何可得知他物相击时能否亦生火星？

三、何为由数端推及全局之经理法？（一百五十四节）

第二十三章　由数端推及全局如何得机（自一百五十五节至一百五十八节）

一、于一品物类中取其货样观，属于何意？（一百五十五节）

二、止有货样无全货时，其货样之情节应如何方能推及其全货成色高下？

三、由数种推及全局时，局中诸物情事倘有数端相似，应如何推阐？（一百五十六节）

四、局中诸物相似情节少时，由数端推及全局，应以何法使之得当？（一百五十七节）

五、设于二所房间处见房顶横连有铁丝，欲知其铁丝是否为电线通信线，应以何法推定？

六、由一物推及相似之他物，此等推法缘何有时不准？

七、《辨学启蒙》全书字数较少于伦敦《戴米斯新闻纸》[1]日发之一分，以推及相似他物之法，未识可藉戴米斯新闻纸之价值若干，推及《辨学启蒙》价值否？胡不可依字数定其价值而不亏本？

八、设二分银足为一函信价资，电报局中胡不可以二分银为代达一函电信之价而不亏本？

第二十四章　由一物推及相似之他物（自一百五十九节至一百六十八节）

一、可将由此一物推及彼一物之法指明。

二、是法与由数端推及全局之法，有何不同？

三、由此推及彼之论辨，应依何式？（以上俱一百五十九节）

四、有黄金一段，于此欲知其为黄金否，当用何法？可竭力详细说之。（一百六十节）

五、海船破，独有一人浮行水上，得生，登岸至无人居处之岛中。遂居于彼，一日游行沙滩，见有人行之足迹，即揣是岛中别有一人。试思其以何法推及，惟回答宜慎。（自一百六十一节至一百六十三节）

---

[1]《戴米斯新闻纸》（*The Times*），即《泰晤士报》，是一张对全世界政治、经济、文化发挥着巨大影响的报纸，为综合性日报。创刊于1785年1月，创始人是约翰·沃尔特，诞生之初，称为《每日环球纪录报》（*The Daily Universal Register*），后改名。

第二十五章　辨论之差谬（自一百六十九节至一百七十二节）

一、差谬与误会意，有何不同？

二、辨学中论差谬应专论何者？（一百七十一节）

三、辨论时与次第连合成语句规式不符处，有若干式，可逐一言之。（一百七十二节）

第二十六章　语意含混生之差谬（自一百七十三节至一百八十八节）

一、似是而实非之事端，可举出数者。

二、左列之语句所有因含混生之差谬，可一一解明之：

1. 乘火车行铁路之客常遇意外之患；

我为行铁路之客；

因知我为常遇意外患之人。

2. 不操作人常赋闲；

是人不操作；

因知是人常赋闲。

3. 人多；

王即是人；

因以知王多。

4. 身负重罪人多饮酒；

是人多饮酒；

因知是人为身负重罪人。

5. 骑马人多高兴；

此人常骑马；

因知此人高兴。

三、人一次辨论因有差谬而负，与所论断道之的确与否，有何关涉？（一百八十四节）

四、未得的确、妄视为已有凭据之语类是如何？此等语言间不妥之弊，可略举一二。（一百八十八节）

第二十七章　即事察理中之诸差谬

一、禽兽、昆虫等动物之举动，有何同于人心之见几而作处？且其心之分辨有何未适当处？（一百八十九节）

二、游人归国所述之语并新闻纸详列诸事之语，如何能令人误解？

三、何为由此误推及彼之三种差谬？可详言之。（一百九十三节）

四、埃及国尼禄河[1]水溢出于两岸能增地土之肥沃，遂推及意大利国波河[2]向两旁开决亦必增肥沃于两旁土田。试为细酌此辨论佳否。（一百九十四节）

五、设言适当之辨论不在乎以相似此物代相似彼物外，如言误推不适当之辨论，将以何言言之乎？（一百九十九节）

---

[1] 尼禄河，Nile，今译“尼罗河”，在非洲东北部。发源于东非大裂谷地区的维多利亚湖，流经南苏丹、苏丹、埃塞俄比亚和埃及等国，全长6670余公里，为世界上最长河流。每年6月定期泛滥，9月达到高峰，淤泥为下游埃及农业发展提供有利条件，故文中如是言之。

[2] 波河，Po River，为意大利最大河流。发源于意大利与法国交界处科蒂安山脉海拔3841米的维索山，注入亚得里亚海。波河属于地中海气候，冬季多雨，水位最高，夏季干燥，甚至干涸。

英文原文、艾约瑟译、严复译和现代译名对照表

	英文原文	艾约瑟译	严复译	通用人名/学术语
人名部分	Aristotle	阿斯多底利	雅里斯多德	亚里士多德
	Roger Bacon	罗支贝根	培根罗哲尔	罗吉尔·培根
	Galileo	加利略	喀里列窝	伽利略
	Francis Bacon	法兰西贝根	培根佛兰硕	弗兰西斯·培根
	Copernicus	哥伯尼	歌白尼	哥白尼
	Descartes	戴加德	笛卡尔	笛卡尔
	Newton	奈端	奈端	牛顿
	Voltaire	缚代耳	福禄特尔	伏尔泰
	Molière	磨列尔	摩利耶	莫里哀
	Gilbert	基勒伯德	吉尔白	吉尔伯特
	Jevons	哲分斯	耶方斯	杰文斯
词汇术语部分	logic	辨学	名学	逻辑学
	reasoning	辨论	推证	推理、推论
	mechanics	重学	力理	力学
	term	界	端	项
	the first term	前界语	上端	主项
	the second term	后界语	下端	谓项
	copula[1]	联络字	缀系	联项
	subject	专重语	句主	主语
	predicate	申明语[2]	谓词	谓语
	copula	联络（活）字	缀系	系词
	conjunction	通脉字	联名部字	连词
	substantive	实字	名物部字	名词性实词
	adjective	助实字	区别部字	形容词
	verb	活字	云谓部字	动词
	noun/name of the thing	物名语	名物字	名词

[1] copula，在句式结构和逻辑学命题的分析中，艾约瑟和严复所译前后一致，但今日在句式结构中和逻辑学中名称却不一致，故于此分别列出。

[2] 艾约瑟或译成“申明形势语”。

（续表）

	英文原文	艾约瑟译	严复译	通用人名/学术语
词汇术语部分	the singular term	专语/专名	单及之端	专有名词
	the general term	同语/同名	普及之端	普通名词
	the collective term	总名	摄最之端	集合名词
	the abstract term	形容界语	玄名	抽象词语
	the concrete term	有体质实字	察名	具体词语
	positive	正	正	肯定
	negative	反	负	否定
	the positive term	正面词	正名	肯定性词汇
	the negative term	反面词	负名	否定性词汇
	distinct negative term	旁面字	二三负名	同义否定词
	ambiguity	含混活动语	多歧之字	一词多义
逻辑方法部分	inductive reasoning	即物察理法	内籀法	归纳法
	deductive reasoning	凭理度物法	外籀[1]法	演绎法
	the diffierence	种异处	特德/差德	差异性
	properties of the class	同常处/体	常德	共性
	the property	偶异处	寓德	特征
	distributed	包括至尽头处	尽物	周延
	not distributed	包括未至尽头处	未尽物	不周延

[1] 籀，含义有二：1. 先秦的文书，即大篆；2. 阅读并推理。内籀，严复解释为："推现至隐，取会散见之事，而通之为一。""见事物之众变，而求其为何例（公理）也。"外籀，严复解释为："其例既立之余，问事物之变，当如何也。"

（续表）

	英文原文	艾约瑟译	严复译	通用人名/学术语
命题部分	proposition	语句	词头/词句	命题
	universal affirmative proposition	包括至尽头处之（正面）语句	统举正词	全称肯定命题
	universal negative proposition	包括至尽头处之反（面）语句	统举负词	全称否定命题
	particular affirmative proposition	包括未至尽头处之（正面）语句	偏及正词	特称肯定命题
	particular negative proposition	包括未至尽头处之反（面）语句	偏及负词	特称否定命题
	change proposition	转换语句	转头[1]	命题转化
演绎推理部分	the syllogism	次第连合成之三语句[2]	演连珠	三段论
	the first premise	首（先）出句	例/例词	大前提
	the second premise	次（先）出句	案/案词	小前提
	the conclusion	断定语[3]	判/判词	结论
	the large term	大界语	大端	大项
	the middle term	中界语	中介	中项
	the minor/lesser term	小界语	小端	小项
	rule	规式	律令	规律
	fallacy	差谬	眢词[4]	谬误

[1] 严复或译为“调换词头”。

[2] 艾约瑟还有其他译法，如（三语句）次第连合成之论断语、或（三语句）次第连成之论断语。

[3] 艾约瑟或译为“断定接收语”。

[4] 眢词，严复解释为：“不佞于似辨论而实无辨论，抑辨论而所得非实者也……由辨而误，由辨而欺者也。”即由错误的论据或错误推理所致的错误结论。眢，本义为因眼球陷落而失明，引申为枯竭。

（续表）

	英文原文	艾约瑟译	严复译	通用人名/学术语
演绎推理部分	the antecedent[1]	前截/上截	提设	前件
	the consequent	后截/下截	后承	后件
	the antecedent	先几	前事	原因
	the consequent	后验	后承	结果
	hypothetical proposition	虚拟字样语句	有待[2]之词	假言命题
	disjunctive syllogism	分歧口头语句	析取之词	选言命题
归纳推理部分	hypotheses	悬拟之说	希卜梯西	假说
	general laws	公理	公例	公理、定律
	law of gravity	万物互相摄引	吸力公例	万有引力定律
	crucial instance	指定从违情节	揭恒	关键性因素
	experimentum crucis	决明悬揣是非法	揭恒验证	事实验证
	observation	检察	察观	观察
	experiment	验试	试验	试验
	vary	变（多寡）	消息[3]	变化

［1］关于antecedent和concequent的翻译，在假言命题中，对译为“前件”和“后件”，在推测事物变化时则用“原因”与“结果”。这两种情况艾约瑟和严复也分别有专门词汇对译表示，故均列于表中。

［2］有待，含义有三：1. 有所期待、等待，语出《礼记•儒行》：“爱其死以有待也，养其身以有为也。”2. 道家术语，指需要一定的时间或条件，语出《庄子•逍遥游》：“夫列子御风而行，泠然善也，旬有五日而后反。彼于致福者，未数数然也。此虽免乎行，犹有所待者也。”3. 佛教语，指人身须待食物、衣服等资财而生活，语出南朝梁慧皎《高僧传•义解•道安》：“捐米弥觉有待之为烦。”严复使用该词即取其含有条件之意，严复解释说：“有待之词者，两者相依，而后词之信视前词者也。”

［3］消息，严复解释为：“消者渐微，息者渐长。一物之渐微渐长，而他物从之，则每相为因果焉，所以名为消息之术。”即事物的变化。

（续表）

	英文原文	艾约瑟译	严复译	通用人名/学术语
归纳推理部分	periodical	相等时分	周流往复	定期
	generalization	推及全局	推概	概括/总结
	reasoning by anology	由此物推及相似他物	比例相似之穷理术	类比推理/类推
	general	大同	常	普遍
	special	专理	特	特殊

参考书目

外文部分

1．William Stanley Jevons，*Primer of Logic*，New York：D. Appleton and Company 549 and 551 Broadway，1879.

2．William Stanley Jevons，*The Theory of Political Economy*，London：Macmillan，1871.

中文部分

1．弗里曼著，艾约瑟译：《西学略述》，上海：总税务司署1886年版。

2．弗里曼著，艾约瑟译：《辨学启蒙》，上海：总税务司署1886年版。

3．弗里曼著，艾约瑟译：《天文启蒙》，上海：总税务司署1886年版。

4．艾约瑟著，王崇武译：《访问苏州的太平军》，《历史教学》，1953年第2期。

5．傅兰雅著：《批阅西学启蒙十六种说》，《格致汇编》，1891年第2期。

6．梁启超：《西学书目表》，《时务报》，1896年。

7．杰文斯著，严复译：《名学浅说》，北京：商务印书馆1981年版。

8．约翰•密尔著，严复译：《穆勒名学》，北京：商务印书馆1981年版。

9．杨伯峻译注：《孟子译注》，北京：中华书局2006年版。

10．方勇、李波译注：《荀子》，北京：中华书局

2014年版。

11．王运熙、余冠英等编：《墨经》，贵阳：贵州人民出版社1990年版。

12．茅家琦：《太平天国对外关系史》，北京：人民出版社1984年版。

13．中国第二历史档案馆、中国社会科学院近代史研究所合编：《中国海关密档》，北京：中华书局1990年版。

14．钟叔河、曾德明、杨云辉主编：《走向世界丛书·（英）艾约瑟等西学启蒙两种》，长沙：岳麓书社2016年版。

15．宋文坚：《逻辑学的传入与研究》，福州：福建人民出版社2005年版。

16．彭漪涟：《中国近代逻辑思想史论》，上海：上海人民出版社1991年版。

17．王奠基：《中国逻辑思想史》，上海：上海人民出版社1979年版。

18．杨沛荪：《中国逻辑思想史教程》，兰州：甘肃人民出版社1988年版。

19．黄兴涛、王国荣编：《明清之际西学文本：50种重要文献汇编》，北京：中华书局2013年版。

20．王扬宗编校：《近代科学在中国的传播》，济南：山东教育出版社2009年版。

21．蔡尚思、方行编：《谭嗣同全集》，北京：中华书局1981年版。

22．璩鑫圭、唐良炎编：《学制演变》，上海：上海教育出版社2007年版。

论文

1．曾祥云：《名学、辩学与逻辑》，《逻辑学研究》，2009年第2期。

2．李葆嘉：《先秦名论：认知—思辨论和伦理—权术论》，《南京师范大学文学院学报》，2010年第2期。

3．王慧斌、尚智丛：《西方逻辑学传入过程中“辨学”与“辩学”概念的演变》，《清史研究》，2015年第3期。

4．何杨：《20世纪前期现代逻辑在中国的译介补述》，《现代哲学》，2017年第2期。

后记

有幸参加“晚清西学丛书”的校订工作，并负责第二辑中艾约瑟所译的《辨学启蒙》一书。首先要感谢我的导师周伟驰老师，在刚入学攻读博士之时，老师即谆谆教诲，授以学问之道和立身之阶；后，我又在老师的引导下，参与丛书之校订，他慷慨地提供他自己搜集到的艾约瑟“启蒙丛书十六种”，我心中的感激，非只言片语所可表达。还要特别感谢姚达兑老师，姚老师在我参与该书校对的过程中，不辞劳苦，多次垂问关于该书校对的情况，并提供恺切的建议。周老师、姚老师匡我不逮，助我未及，对该书的顺利校对完成，功莫大焉，理当深表谢意。中山大学哲学系马永康老师不辞劳苦，为本书悉心校正，理当致谢。在北大、港中大和美国读书的同学与朋友，也为我搜集资料，不辞劳烦，耐心提供详细信息，顺致谢忱。

2019年3月3日

于良乡中国社科院研究生院